Welt aus Eis

Text

Jason Bittel

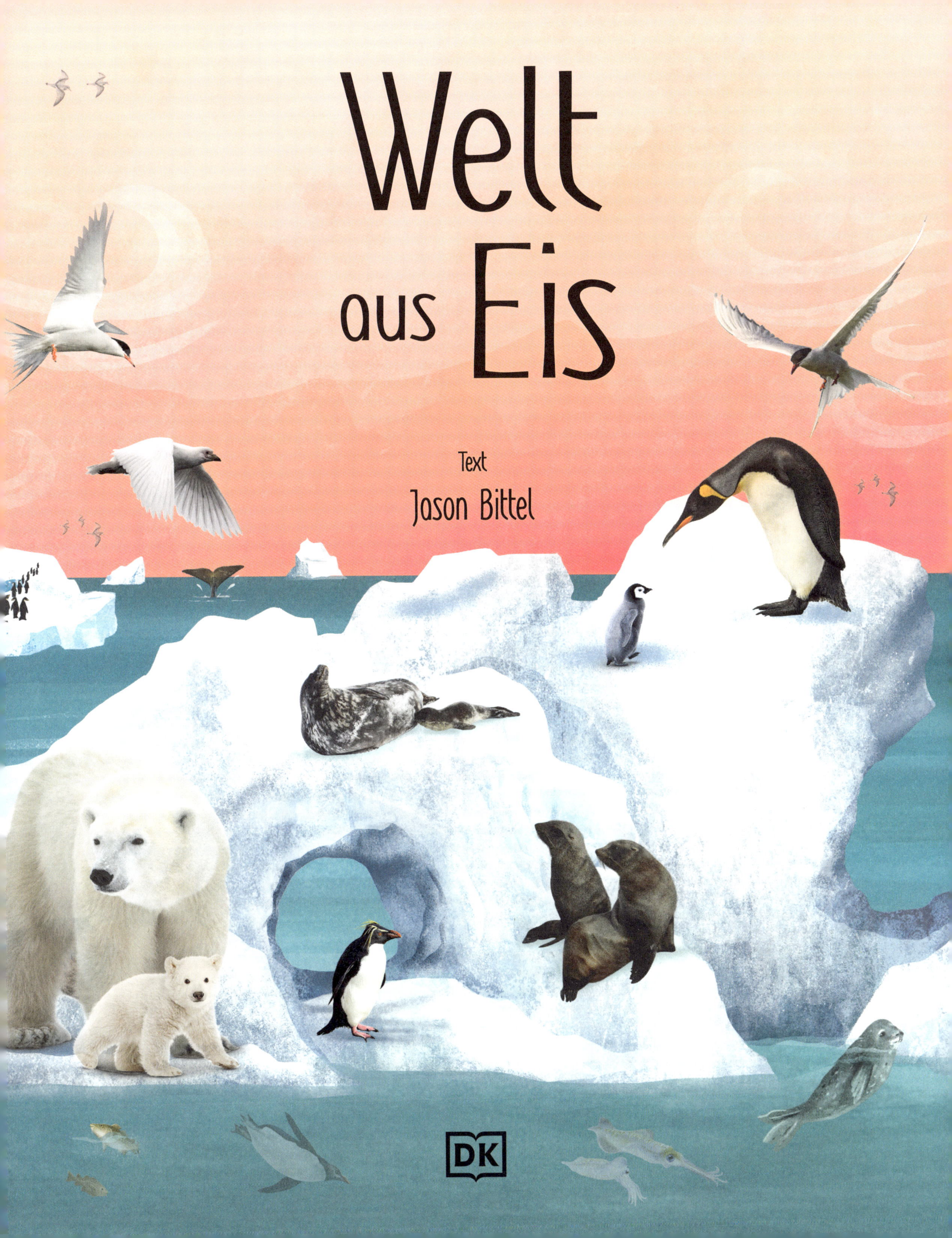

DK

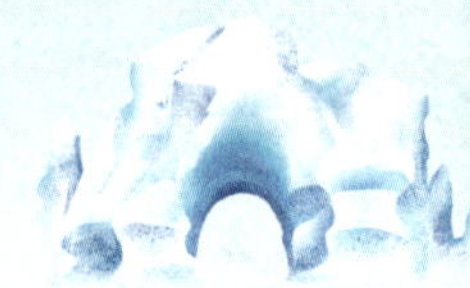

DK Penguin Random House

Text Jason Bittel
Illustrationen Claire McElfatrick
Fachliche Beratung Simon Morley
Lektorat Sophie Parkes, Sarah MacLeod, Issy Walsh, Penny Smith, Sarah Larter
Gestaltung und Bildredaktion Claire Patane, Polly Appleton, Eleanor Bates, Hannah Moore, Sakshi Saluja, Mabel Chan
Umschlaggestaltung Claire Patane
Herstellung Dragana Puvacic, Inderjit Bhullar

Für die deutsche Ausgabe:
Verlagsleitung Monika Schlitzer
Programmleitung Heike Faßbender
Redaktionsleitung Martina Glöde
Projektbetreuung Natalie Capalija
Herstellungsleitung Dorothee Whittaker
Herstellungskoordination Bianca Isack
Herstellung Verena Marquart

Titel der englischen Originalausgabe:
The Frozen Worlds

Übersetzung Claudia Wagner
Lektorat Ursula Tanneberger

ISBN 978-3-8310-4753-6

Druck und Bindung TBB, a.s., Slowakei

FSC www.fsc.org MIX Papier | Fördert gute Waldnutzung FSC® C018179

www.dk-verlag.de

EINLEITUNG

Wenn du „Arktis" und „Antarktis" hörst, denkst du sicherlich zunächst an Schnee und Eis. Doch obwohl es an den Polen tatsächlich jede Menge Eis gibt, herrscht dort auch eine unglaubliche Vielfalt an Leben! Von cleveren Orcas und superschnellen Pinguinen bis hin zu 400 Jahre alten Haien. In den kältesten und rauesten Gegenden der Erde findest du zahlreiche Lebewesen und viele Überraschungen! Im Sommer erblüht die Arktis in wunderbaren Farben. In der Antarktis leben Forschende das ganze Jahr über in speziellen Laboren, die wie Raumstationen aussehen. Begleite mich auf ein unglaubliches Abenteuer durch die Welt aus Eis!

Jason Bittel

INHALT

Der Großteil eines Eisbergs liegt unterhalb der Wasseroberfläche.

WAS SIND ARKTIS UND ANTARKTIS?

Diese schneebedeckten, eisigen Orte befinden sich an den gegenüberliegenden Polen der Erde – die Arktis ganz im Norden und die Antarktis im äußersten Süden.

Bestimmte Tiere kommen nur an dem einen oder nur an dem anderen Pol vor, sie begegnen sich also nie. Pinguine leben auf der südlichen Welthalbkugel und in der Antarktis, während Eisbären nur in der Arktis beheimatet sind.

Eisberge, Gletscher und Eisvulkane machen diese kalten Welten zu den vielleicht lebensfeindlichsten Gegenden der Erde, doch es sind auch Orte von atemberaubender Schönheit und voller Wunder.

DIE ARKTIS

Die Arktis umfasst das ganzjährig zugefrorene Nordpolarmeer und die nördlichen Ausläufer der Kontinente Nordamerika, Asien und Europa. In der Mitte liegt der Nordpol.

Das arktische Meereis kann bis zu 4 m dick sein.

LEBEN IN DER ARKTIS

Arktische Tiere müssen in der Lage sein, unter eisigen Bedingungen zu überleben. Um Wärme zu speichern, haben sie dicke Schichten aus Federn, Fell oder Fett.

Die Antarktis ist der kälteste und trockenste Ort der Erde. Dort fällt so wenig Regen, dass sie als Wüste eingestuft wird.

DIE ANTARKTIS

Die Antarktis ist ein Kontinent unter Eis, umgeben von Wasser und von starken Winden umweht. Zwischen März und September erreicht den Südpol kein Sonnenlicht.

LEBEN IN DER ANTARKTIS

Die Bedingungen in der Antarktis sind rau. Dennoch leben hier einige Tiere. Die meisten von ihnen sind Vögel und Robben – große Landtiere gibt es nicht.

Überleben im Eis

Überleben ist ein täglicher Kampf für alle, die an den Polen zu Hause sind. In der Antarktis herrschen die niedrigsten Temperaturen des Planeten, während die Arktis ein Labyrinth aus Eis, Schnee und frostigen Meeren ist, das sich ständig verändert.

WARM BLEIBEN

Viele Polartiere sind größer als ihre Verwandten, die an angenehmeren Orten der Erde leben. Dadurch verlieren sie weniger Wärme. Sie haben auch andere Wege gefunden, die Kälte zu bekämpfen.

Dickhäutig
Die Blubberschicht eines Walrosses kann 10 cm dick werden.

Polarfuchs

Fell

Das dicke, dichte Fell des Polarfuchses hilft ihm, eine Körpertemperatur von 40 °C zu halten.

Königspinguin

Küstenseeschwalbe

Gefiederte Schichten
Flauschige, fluffige Daunen werden von steifen äußeren Federspitzen geschützt.

Mauser
Das Gefieder der Pinguine bleibt wasserdicht, weil sie ihre abgenutzten Federn jedes Jahr erneuern.

Federn

Dank der kurzen, überlappenden Schichten aus wasserdichten Federn bleiben Pinguine warm und trocken.

Um in der extremen Kälte zu überleben, haben die Polartiere einzigartige Körpereigenschaften und Verhaltensweisen entwickelt.

Walross

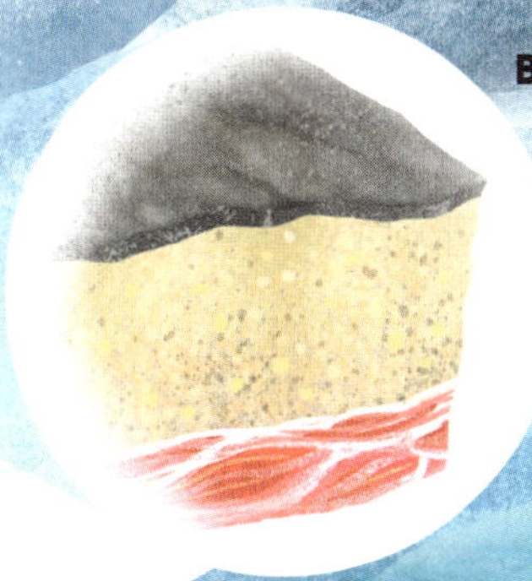

Blubberschicht
Dieses Fettgewebe bedeckt den gesamten Körper des Walrosses und hält es warm.

Blubber

Meeressäugetiere sind durch den Blubber, eine dicke Fettschicht unter ihrer Haut, vor der Kälte geschützt.

Eisbär

Kräftige Pfoten
Eisbären haben riesige, schneeschuhartige Pfoten. Die helfen ihnen dabei, ihren Körper durch das eisige Wasser zu schieben.

Esels-pinguine

Rutschpartie
Eselspinguine rutschen auf ihren Bäuchen über Schnee und Eis und benutzen ihre Flossen zum Lenken.

VIEL ZU KALT?

Nicht für Polartiere! Sie sind perfekt an das Leben in Eis, Schnee und gefrierendem Wasser angepasst.

Tarnung

In der Arktis ist die Landschaft im Winter weiß und verschneit, im Sommer aber braun und grün. Damit sie immer gut getarnt sind, wechseln einige der hier lebenden Tiere ihre Farbe. Wenn das Wetter kälter wird, tauschen sie ihr braunes Fell oder Gefieder gegen makellose weiße Wintermäntel.

Rotes Auge
Das männliche Schneehuhn hat einen roten Streifen über dem Auge.

Flauschige Füße
Federn an den Beinen und Füßen helfen den Vögeln, sich warm zu halten.

Schneehasen haben große Pfoten, damit sie nicht im Schnee versinken.

Spitze Löffel
Die Ohren haben schwarze Spitzen und Innenseiten.

SCHNEEHUHN

Dieser Vogel verbringt die meiste Lebenszeit am Boden. Sein Gefieder wechselt die Farbe, damit er zu jeder Jahreszeit bestmöglich getarnt ist – im Winter weiß, im Sommer braun.

SCHNEEHASE

Dieser Hase ist im Winter strahlend weiß und im Sommer braun oder grau. Mit seinem weißen Winterfell ist er für Raubtiere schwer zu erkennen.

Weich wie Seide
Das Winterfell des Hermelins ist weich und seidig.

Das Winterfell des Polarfuchses hat viel dickere Haare als das Sommerfell.

Schal oder Schwanz?
Der Polarfuchs kann sich in seinen flauschigen Schwanz einwickeln, um sich warm zu halten.

HERMELIN

Die Tage in der Arktis sind im Winter kürzer als im Sommer. Wenn die Tage kürzer werden, beginnen dem Hermelin weiße statt braune Haare zu wachsen.

POLARFUCHS

Die meisten Polarfüchse sind im Sommer grau oder schwarz und im Winter reinweiß. Mit ihren scharfen Ohren können sie winzige Beutetiere aufspüren, die sich unter dem Schnee verstecken.

Sommer

Die Erde umkreist die Sonne im Lauf des Jahres. Auf der Erdhalbkugel (Hemisphäre), die der Sonne zugeneigt ist, herrscht dann Sommer. Diese Jahreszeit ist an den Polen der Erde besonders ausgeprägt.

Brutzeit
Viele Arten von Polarvögeln paaren sich und brüten im Sommer.

Während des Polarsommers geht die Sonne nie unter.

„Land der Mitternachtssonne“
Norwegen hat diesen Spitznamen erhalten, weil mehr als die Hälfte seiner Fläche innerhalb des Polarkreises liegt. Dort sind die Tage im Sommer besonders lang.

Heiß und unangenehm
Im Sommer wimmelt es von beißenden Insekten, sodass die Rentiere ständig in Bewegung bleiben müssen, um ihnen zu entkommen.

Rentiere auf Wanderschaft

Rentiere, die auch als Karibus bekannt sind, können während des arktischen Sommers bis zu 640 km zurücklegen, um zu ihren Kalbungsgebieten zu gelangen. Dort bringen sie ihre Jungen zur Welt.

NORD- UND SÜDPOL

Die Jahreszeiten sind am Nord- und am Südpol entgegengesetzt. Das liegt daran, dass sich der eine Pol der Sonne zuneigt, weshalb dort Sommer ist. Der andere Pol neigt sich von der Sonne ab, dort herrscht Winter.

Winter

Wenn eine Erdhalbkugel von der Sonne abgeneigt ist, herrscht dort Winter. An den Polen bedeutet dies, dass Pflanzen und Tiere viele Monate in Dämmerung und Dunkelheit leben.

Während des Polarwinters geht die Sonne nie vollständig auf.

Sechs Monate Dunkelheit

Stell dir ein halbes Jahr ohne Sonne vor, und du hast einen guten Eindruck davon, wie es im Winter an den Polen ist.

Das Leben im Norden
Etwa 4 Millionen Menschen leben in der Arktis.

Winterbabys
Eisbären bringen ihre Kinder normalerweise zur dunklen Zeit im Dezember zur Welt.

Der Winter ist eine Zeit des Nahrungsüberflusses für Tiere wie Eisbären, während der Sommer für sie eher futterarm sein kann.

Eisberge

Eisberge sind Eismassen, die aus Süßwasser bestehen und mehr als 15 Meter lang sind. Sie entstehen, wenn große Stücke eines Gletschers oder des Schelfeises abbrechen und dann frei im Ozean schwimmen. Manche Eisberge sind so klein wie ein Auto, andere so groß wie ein kleines Land!

EISINSEL

Dieser gewaltige Eisklotz ist ein Eisberg, der vom Rand des Schelfeises abgebrochen ist. Eisinseln sind auch als Tafeleisberge bekannt. Sie haben eine rechteckige Form und können sehr groß sein.

NICHT TAFELFÖRMIG

Nicht alle Eisberge haben flache Ober- und Längsseiten. Unregelmäßige Eisberge werden als „nicht tafelförmig" bezeichnet. Es gibt sie in vielen unterschiedlichen Formen und Größen.

TAFELFÖRMIG

Diese Eisberge haben kurze Seiten und eine glatte, flache Oberfläche. Einige von ihnen sind genau rechteckig.

GEWÖLBT

Die Seiten dieser Eisberge steigen gleichmäßig an und bilden eine glatte, runde Kuppelform.

GEFIEDERT

Diese Eisberge verfügen über mindestens eine hohe Eissäule, die von ihrer Basis aufragt.

ABFALLEND

Diese Eisberge bilden sich, wenn tafelförmige Eisberge kippen. Sie haben gerade Seiten und steigen schräg an.

Nur ein Zehntel eines Eisbergs ragt über die Wasseroberfläche, und das können wir sehen. Der größte Teil des Eisbergs liegt unter dem Meeresspiegel.

TROCKENDOCK

Wetter und Wellen waschen Eisberge aus. So kann eine „Trockendock"- oder U-Form entstehen.

BLOCKIG

Groß und imposant – diese Eisberge sind geformt wie riesige Kasten. Sie haben sehr gerade, steile Seiten.

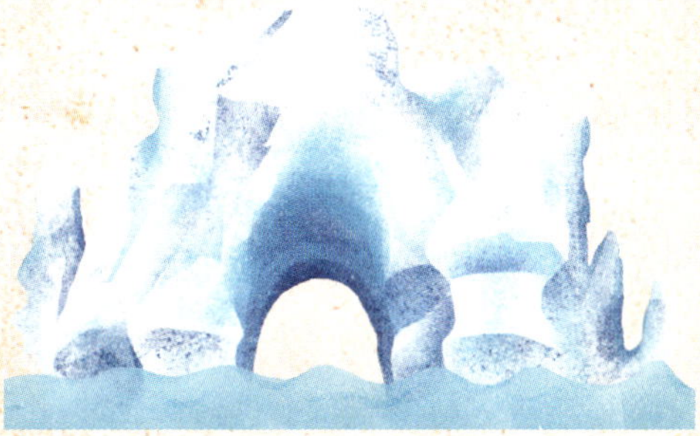

VERWITTERT

Mit der Zeit können Teile von Eisbergen abgetragen werden. Bei einigen von ihnen formt sich in der Mitte ein Bogen.

KEILFÖRMIG

Dies sind gekippte tafelförmige Eisberge. Sie haben dreieckige Seiten, die sich nach oben zu einer Spitze formen.

Eisstalaktiten

Wenn Meerwasser gefriert, bilden sich Kristalle, die das Salz aus dem Eis drängen. Dabei entsteht eine sehr kalte, sehr salzige Flüssigkeit, Lake genannt. Wenn diese Lake Richtung Meeresboden sickert, erstarrt das Wasser um sie herum augenblicklich und formt einen hohlen Eiszapfen, den man Eisstalaktit nennt.

Kalter Killer

Der Eisstalaktit wächst langsam hinunter zum Meeresboden. Wenn er dort ankommt, hinterlässt er einen eisigen Pfad und tötet jedes Lebewesen, das ihm unglücklicherweise in die Quere kommt.

Diese unglaublichen Unterwasserformationen werden manchmal „Eisfinger“ oder „Eiszapfen des Todes“ genannt.

Blaues Blut
Ein blaues, auf Kupfer basierendes Protein unterstützt den Transport von Sauerstoff im Blut des Tintenfischs bei Kälte. Und: Es lässt sein Blut blau aussehen!

Luftatmung
Einige Tiere, wie z. B. Robben, jagen unter dem Eis. Sie müssen aber zum Atmen an die Wasseroberfläche schwimmen.

Benthos

Lebewesen auf dem Meeresboden, bekannt als Benthos, überleben durch herabfallende Nahrung oder indem sie sich gegenseitig fressen!

Alt und kalt
Das Benthos umfasst alle Lebewesen im Bereich der Bodenzone. Es wächst langsam, kann aber über viele Jahrzehnte leben.

Feuer und Eis

Arktis und Antarktis sind zwar mit Eis bedeckt, aber es gibt dort auch Vulkane. In der Westantarktis sind 130 Vulkane bekannt und vermutlich sind es noch viele mehr, die nur noch nicht entdeckt wurden. Tatsächlich bilden diese eisbedeckten Vulkane die größte vulkanische Region der Erde!

2017 haben Forschende **91 neue Vulkane** ...

Lava

Lavaseen
Nur acht Vulkane weltweit verfügen wie der Mount Erebus über blubbernde Seen aus Lava.

MOUNT EREBUS

Der Mount Erebus in der Antarktis ist der südlichste aktive Vulkan der Erde. Anders als viele andere Vulkane hat er ganzjährig einen Lavasee in seinem zentralen Krater.

Unter Land und unter Wasser

Die meisten Vulkane der Antarktis liegen unter einer 3 km dicken Eisschicht. Es gibt auch Unterwasservulkane – so ist die Insel Deception Island zum Beispiel der Gipfelbereich eines aktiven Vulkans, der vom Meeresgrund aufragt.

Eishöhlen
Heißer Dampf vom Mount Erebus hat die Eisflächen rund um den Vulkan ausgehöhlt und Eishöhlen gebildet.

Wahrscheinlich sind nur eine Handvoll der Vulkane aktiv, die unter der massiven Eisdecke der Antarktis versteckt liegen.

... unter dem westantarktischen Eisschild entdeckt.

Eisige Gefahren

Die Wissenschaft hat erst kürzlich viele dieser Vulkane entdeckt. Man weiß noch nicht, was passieren wird, wenn sie ausbrechen, aber es ist möglich, dass diese unterirdischen antarktischen Vulkane dann einen Teil des Eises schmelzen.

BEERENBERG

Der gletscherbedeckte Beerenberg ist der nördlichste aktive Vulkan auf der Erdoberfläche. Er befindet sich auf einer Insel namens Jan Mayen, die in der arktischen Region Norwegens liegt. Er brach zuletzt im Jahr 1985 aus.

Bärenberg
Beerenberg ist Niederländisch für „Bärenberg". Der Vulkan ist benannt nach den Eisbären, die von Walfängern um 1600 dort gesichtet wurden.

Eisbär

Seltene Bären
Heute sind die Chancen sehr gering, einen Eisbären auf dem Beerenberg zu sichten.

Flüsse im Eis

Die Pole der Erde bestehen nicht nur aus Eis. Dort fließen Flüsse und es gibt Seen und riesige Wasserfälle. Einige Flüsse entstehen, wenn weißer Schnee weggeblasen wird und dunkles Eis darunter zum Vorschein kommt. Dieses Eis saugt das Sonnenlicht auf und schmilzt.

Die Pole der Erde sind nicht vollständig zugefroren!

Fluss

ANTARKTIS

Während des Sommers in der Antarktis schmilzt mehr Eis. Dann bilden sich rund 700 Flüsse und kleinere Ströme auf dem Kontinent, die das geschmolzene Eis zurück ins Meer spülen.

Die Wissenschaft versucht herauszufinden, wie sich

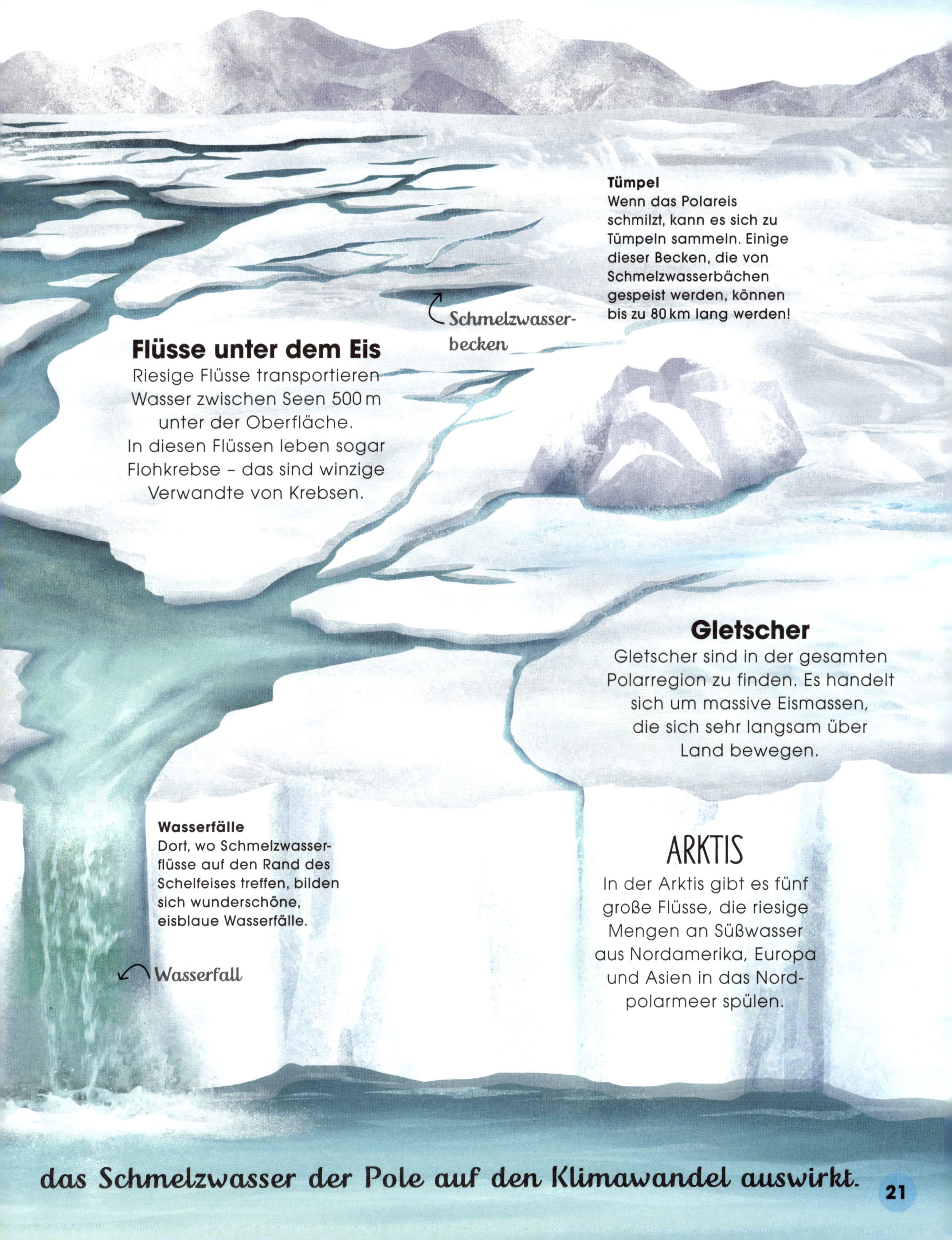

Tümpel
Wenn das Polareis schmilzt, kann es sich zu Tümpeln sammeln. Einige dieser Becken, die von Schmelzwasserbächen gespeist werden, können bis zu 80 km lang werden!

Flüsse unter dem Eis

Riesige Flüsse transportieren Wasser zwischen Seen 500 m unter der Oberfläche. In diesen Flüssen leben sogar Flohkrebse – das sind winzige Verwandte von Krebsen.

Gletscher

Gletscher sind in der gesamten Polarregion zu finden. Es handelt sich um massive Eismassen, die sich sehr langsam über Land bewegen.

Wasserfälle
Dort, wo Schmelzwasserflüsse auf den Rand des Schelfeises treffen, bilden sich wunderschöne, eisblaue Wasserfälle.

ARKTIS

In der Arktis gibt es fünf große Flüsse, die riesige Mengen an Süßwasser aus Nordamerika, Europa und Asien in das Nordpolarmeer spülen.

das Schmelzwasser der Pole auf den Klimawandel auswirkt.

Polarlichter

Polarlichter, auch bekannt als Nord- und Südlicht, sind natürliche Lichtspiele, die man manchmal nachts im Polargebiet von Arktis und Antarktis beobachten kann. Sie sehen aus wie Feuer, Vorhänge oder Bänder aus Licht, die am Horizont schimmern und tanzen.

Der wissenschaftliche Name **Aurora** stammt von der …

… römischen Göttin der Morgenröte.

Farben

Polarlichter können blau, rot, gelb, grün, violett, oder orange sein. Ihre Farben hängen davon ab, welche Gase in unserer Atmosphäre von den Teilchen des Sonnenwinds getroffen werden.

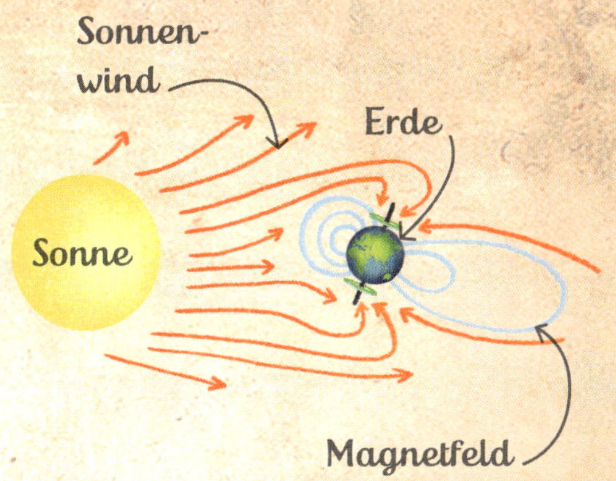

Wie und warum?

Polarlichter entstehen, wenn elektrisch geladene Teilchen des Sonnenwinds mit Gasen in der Erdatmosphäre zusammenstoßen. Sie treten in der Regel in den Polarregionen auf, weil das Erdmagnetfeld die Teilchen zu den Polen hin ablenkt.

Nord und Süd

Polarlichter werden als Aurora borealis bezeichnet, wenn sie auf der nördlichen Halbkugel der Erde auftreten, auf der südlichen Halbkugel heißen sie Aurora australis.

Die Eisbärmutter und ihr Junges suchen Schutz in den Bäumen des Wapusk-Nationalparks in Kanada.

LEBEN IN DER ARKTIS

Die Arktis ist kein dunkler und leerer Ort, sie ist voller Leben.

Narwale und Grönlandhaie gleiten durch die Gewässer, Eisbären sind an Land und auf dem Eis unterwegs. Robben und Walrosse suchen im Meer nach Nahrung und kommen an Land, um sich auszuruhen oder ihre Jungen aufzuziehen. Millionen von Seevögeln strömen jeden Sommer in die Region. An den Ufern und in der Tundra blühen sogar bunte Blumen! Auch Menschen sind hier zu Hause. Die ersten von ihnen kamen schon vor mindestens 45 000 Jahren in die Arktis!

Arktische Tundra

Die Nordpolarlandschaft hat mehr zu bieten als Schnee und Eis ohne Leben. Wenn der Sommer beginnt, explodieren die Farben von Wildblumen, Sträuchern und pflanzenähnlichen Flechten, und Millionen von Vögeln kommen, um zu brüten.

Feuchtgebiete
Durch die Schnee- und Eisschmelze entstehen wichtige Süßwasserlebensräume wie Moore und Sümpfe.

Was ist die Tundra?

Die arktische Tundra besteht aus flachen, hügeligen Ebenen. Weil ihr Boden fast ganzjährig gefroren ist, können Bäume dort keine Wurzeln schlagen. Das Wort Tundra stammt von dem finnischen Wort *tunturi* für „baumlose Hochfläche".

Permafrost

Mit Permafrost bezeichnet man eine gefrorene Bodenschicht in der Tundra, die von der Erdoberfläche bis zu Hunderten von Metern darunter reichen kann. Sie bleibt die meiste Zeit des Jahres oder sogar ganzjährig gefroren.

Wildwanderung
Rentiere wandern jeden Sommer Hunderte von Kilometern Richtung Tundra.

Voller Leben

Trotz geringer Niederschläge, extremer Temperaturen und Nahrungsknappheit haben Hunderte von Pflanzen- und Tierarten Wege gefunden, in der Tundra zu überleben.

Arktische Säugetiere

Nur wenige Säugetiere sind in der Arktis zu Hause, doch diejenigen, die in diesem rauen Ökosystem leben, sind beeindruckend. In dieser Region kommen die beiden größten Bärenarten der Welt vor: der Eisbär und der Braunbär.

Futtersuche
Rentiere benutzen ihr Geweih, um im Schnee nach Nahrung zu graben.

Rentier

Schneefuchs

Kaltes Klima
Dieser Fuchs kann selbst bei Temperaturen von bis zu −50 °C überleben.

Schneehasen

Braunbär

Viele arktische Säugetiere haben ein wunderschönes weißes Fell,

Polarwolf

Rudelleben
Wölfe jagen gemeinsam, um große Beutetiere wie Rentiere und Moschusochsen zu erlegen.

Fellmantel
Das Fell eines Moschusochsen ist achtmal wärmer als die Wolle eines Schafs!

Moschusochsen

Eisbär

Lemming

Stärke statt Größe
Vielfraße sind grimmige Raubtiere. Sie können Knochen von Tieren brechen, die viel größer sind als sie selbst.

Eisbär
Das Fell von Eisbären sieht weiß aus, ist aber eigentlich durchsichtig.

Vielfraß

das sie im Schnee fast unsichtbar macht.

Ohne Farbwechsel
Der Polarwolf hat das ganze Jahr über ein weißes Fell.

TARNUNG

Ein weißes Fell hilft vielen arktischen Tieren, mit ihrer Umgebung zu verschmelzen. Es ermöglicht Raubtieren wie dem Polarwolf auch, sich leichter an ihre Beute heranzuschleichen.

NEUANKÖMMLINGE

Die Arktis erwärmt sich durch den Klimawandel. Deshalb wachsen holzige Pflanzen (z. B. Sträucher) weiter nördlich als je zuvor. Einige Tiere, wie die unten abgebildeten, folgen den Pflanzen nach Norden, da es dort wärmer und lebenswerter für sie wird.

Amerikanischer Biber

Arktische Bauleute
Biber fressen die holzigen Pflanzen und nutzen sie auch zum Bau von Dämmen. Dadurch entstehen Tümpel, die den Permafrostboden darunter auftauen lassen und so die Landschaft neu gestalten.

Europäischer Elch

Riesenhirsch
Der Europäische Elch ist die größte Hirschart. Er ist auf holzige Pflanzen als Nahrung angewiesen und bevorzugt einen kalten Lebensraum. Weil es in der Arktis kühler ist, nimmt dort die Zahl der Elche zu.

Arktische Vögel

Etwa 200 Vogelarten sind zumindest für einen Teil des Jahres in der Arktis zu Hause. Einige reisen Tausende von Kilometern und sogar aus der Antarktis an, um dorthin zu gelangen. Andere trotzen den Temperaturen das ganze Jahr über.

Schneegans

Rotkehltaucher

Prachteiderente

Prachtvoll
Die Männchen der Eiderenten haben bunt gefärbte Gesichter in Gelb, Orange und Rot.

Eistaucher

Pfeifschwan

Schnee-Eule

Tundra

Einige Vögel, wie die Schnee-Eule, nisten direkt auf dem Boden in den baumlosen Ebenen der Tundra. Der offene Ausblick in alle Richtungen ermöglicht es ihnen, ihre Nester zu schützen.

Thorshühnchen

Falkenraubmöwe

Hühner in der Tundra
Schneehühner sind hühnergroße, bodenbrütende Vögel, die mit den Raufußhühnern verwandt sind.

Schneehuhn

Männchen

Weibchen

Eiderenten

Zugvögel

Warum sie um die halbe Welt reisen? Weil Vögel, die jeden Sommer in die Arktis ziehen, dort weniger mit Raubtieren und Parasiten zu kämpfen haben.

Jetsetter
Von der Antarktis zur Arktis: Die Küstenseeschwalbe legt die längste Wanderung aller Tiere zurück.

Klippen

Felsvorsprünge bieten den Vögeln der Arktis einen sicheren Platz zum Brüten, geschützt vor Kälte und Raubtieren.

König der Möwen
Die Mantelmöwe ist die größte Möwe der Welt.

Tiefseetaucher
Der Zwergadler kann bis zu einer Tiefe von 35 m tauchen, um Fische zu fangen.

Wasser

Viele Vögel der Arktis können ausgezeichnet schwimmen und tauchen. Dazu gehört auch der Papageitaucher, der unter Wasser Fische und Krebstiere jagt.

Leben im Wasser

Tiefe Tauchgänge, nützliche Hörner oder empfindliche Schnurrhaare – die Lebewesen der Arktis haben einige ungewöhnliche Merkmale und Verhaltensweisen entwickelt, um in der kalten Welt zu überleben.

Weiße Wale
Die mit den Narwalen verwandten Belugas sind gesellige Tiere, die in Gruppen unterwegs sind.

Einhörner des Meers

Was fast wie das Horn eines Einhorns aussieht, ist tatsächlich der Stoßzahn eines Narwals, also ein Zahn, der ganz lang gewachsen ist. Bei manchen Männchen kann er bis zu 3 m lang werden!

Hilfreich
Der Stoßzahn eines Narwals kann ihm helfen, seine Umgebung besser wahrzunehmen.

Fischdetektive

Hochsensible Schnurrhaare helfen Walrossen, schmackhafte Schalentiere im Boden aufzuspüren.

Kinderstube im Eis

Sattelrobbenbabys werden in großen Gruppen auf dem schwimmenden Meereis geboren.

Viele arktische Säugetiere haben eine dicke Speckschicht, genannt Blubber, die sie vor den eisigen Temperaturen schützt.

Tauchervögel

Trottellummen können auf der Suche nach Fischen bis zu 180 m tief tauchen.

Grönlandhai

Sie sind vielleicht nicht so berühmt wie die Weißen Haie, aber Grönlandhaie sind eindrucksvolle Rekordbrecher. Man vermutet, dass diese riesige Art mehr als 400 Jahre alt werden kann! Diese uralten Giganten sind ziemlich rätselhaft und die Forschenden wissen bis heute noch nicht viel über sie.

Kaltwasser-Giganten
Ein Grönlandhai kann bis zu 1,3 Tonnen wiegen und länger werden als eine Giraffe groß ist!

Grönlandhaie leben länger als alle anderen Wirbeltiere der Erde!

Schlafhaie
Grönlandhaie sind eine Art von Schlafhaien. Man nennt sie so, weil sie sich langsam an ihre Beute heranschleichen.

Es könnte **heute noch** ein Grönlandhai leben …

In den Mägen von Grönlandhaien wurde nahezu alles gefunden, vom Rentier bis zum Eisbären.

Weltreisende

Früher dachte man, dass Grönlandhaie nur in den kalten Gewässern der Arktis vorkommen. In letzter Zeit wurden sie jedoch bis in den Süden von Belize in Mittelamerika gesichtet. Die Wissenschaft vermutet, dass es in der Tiefe des Ozeans kühl genug für sie ist, um sich dort wohlzufühlen.

Frostschutzmittel
Chemikalien in ihrem Körpergewebe verhindern, dass die Haie erfrieren. Auf diese Weise können sie an einigen der kältesten Orte der Erde überleben.

Aasfresser
Grönlandhaie sind Fleisch- und Aasfresser. Sie ernähren sich von Fischen, Tintenfischen, und Meeressäugetieren wie z. B. Robben.

Verlust der Sehkraft

Grönlandhaie werden oft mit kleinen, parasitären Krustentieren gefunden, die auf ihren Augäpfeln wachsen. Davon können die Haie teilweise erblinden, aber das scheint sie nicht zu stören.

... der **bereits im 17. Jahrhundert** zur Welt kam!

Bäume

Die arktische Tundra ist meist baumlos. Da allerdings der Klimawandel die Temperaturen ansteigen lässt, wachsen bestimmte Baumarten, wie z. B. Fichten, zunehmend weiter nördlich.

Arktische Pflanzen

Zwar besteht ein Großteil der Arktis aus offenem Meer und Eis, aber in den nördlichsten Teilen Europas, Asiens und Nordamerikas wachsen dennoch etwa 1700 Pflanzenarten. Im Sommer, wenn die Sonne kaum untergeht, hilft ihr Licht den Pflanzen zu gedeihen.

Arktische Weide

Für den Winter ausgerüstet

Damit sie nicht erfrieren, haben sich arktische Pflanzen besonders angepasst. Häufig verfügen sie nur über ein kurzes Wurzelsystem und wachsen dicht am Boden.

Arktischer Mohn

Korallenflechte

Apfelflechte

Torfmoos

Flechten

Sie sehen aus wie Pflanzen, sind aber eigentlich eine Lebensgemeinschaft aus Pilzen und Algen. Flechten können fast überall wachsen und bieten Nahrung, Behausungen und Nistmaterial für Tiere.

Echte Rentierflechte

Blumen

Im Sommer explodiert die Pflanzenwelt der Arktis in zahlreichen Farben. Manche Pflanzen blühen nur für ein paar Tage, sind aber eine wichtige Nahrungsquelle für die Tierwelt.

Moose

Die teppichartigen Moose wachsen dort, wo andere Pflanzen nicht überleben können. Sie ziehen Feuchtigkeit aus der Luft und dem Boden. So überstehen sie sogar Dürreperioden und extreme Kälte.

Arktische Gliederfüßer

Was wäre ein Ökosystem ohne Krabbeltiere? Auch die Arktis bietet Lebensraum für Bestäuber und Parasiten, für Unmengen von Insekten und Spinnentieren. Sie alle haben einzigartige Wege gefunden, um im rauen, eisigen Norden zu überleben.

Kälteschutz
Die Chemikalien im Blut dieser Raupe schützen sie vor dem Gefrieren!

Wohlig warm
Kegelförmige Blüten speichern die Wärme der Sonne und helfen den Bienen, sich aufzuwärmen.

Wollspinner

Die meisten Raupen verwandeln sich in ihrem ersten Lebensjahr in Falter oder Schmetterlinge –, nicht aber der Arktische Wollspinner. In der kalten Arktis kann es sieben Jahre dauern, bevor er sich in eine Motte verwandelt. Dieser Prozess wird Metamorphose genannt.

Arktische Hummel

Hummeln können nicht fliegen, wenn ihnen kalt ist. Deshalb sonnen sie sich, um sich aufzuwärmen, oder „zittern" mit ihren großen Flugmuskeln, um Wärme zu erzeugen. Weil sie ein dickes Fell haben und etwas größer sind als unsere Hummeln, fühlen sie sich in der Kälte wohl.

Blutsauger
Weibliche Stechmücken trinken Tierblut, um daraus Proteine zur Eiablage zu gewinnen.

Stechmücke

Winzige Quälgeister
Gnitzen, winzige Stechmücken, sind so klein, dass man sie kaum sieht.

Mücke

Zecke

Tramper-Zecken
Zecken sitzen im Gras und warten darauf, dass ein Wirt mit einer Blutmahlzeit vorbeikommt.

Blutfresser

Viele Parasiten haben sich in der Arktis angesiedelt, wo sie das nahrhafte Blut größerer Tiere saugen, um zu überleben. Ganze Schwärme dieser winzigen Wesen können der Grund dafür sein, dass einzelne Säugetiere oder Herden, z. B. von Rentieren, lieber weiterziehen.

Lebenskreislauf
Wenn die Dasselfliegenlarven aus der Nase eines Rentiers auf den Boden geniest wurden, reifen sie zu erwachsenen Tieren, legen Eier und der Kreislauf wiederholt sich.

Rentier

Larve

Sicher und gesund
Mehr als 50 Dasselfliegenlarven können in der warmen Nasenhöhle eines Rentiers den Winter überleben.

Dasselfliege

Dasselfliege

Rentiere dienen der Dasselfliege als Wirt zum Überleben. Die parasitären Tierchen legen ihre Eier auf dem Gesicht des Rentiers ab. Die Larven überwintern in den Nasenlöchern und im Rachen des Rentiers. Im Frühjahr werden sie dann durch Niesen ausgestoßen.

Der Seeweg durch die Arktis ist normalerweise nur acht Wochen im Jahr, etwa von August bis Oktober, eisfrei.

Eislotsen
Nur Menschen mit viel Erfahrung, sogenannte Eislotsen, können Boote durch das Eis navigieren.

Einige **Eisbrecher** können

Superstark

Durch Eis zu brechen benötigt viel Energie, deshalb verfügen Eisbrecher über mehr Antriebskraft als andere Schiffe. Einige nutzen dafür sogar Atomreaktoren!

Laute Fahrt
Wenn das Eis bricht und an den Außenseiten des Schiffs entlangschabt, verursacht das alle möglichen Geräusche. Das Eis kann brummen, ächzen, knacken und sogar schreien!

Für den Rest des Jahres sind Schiffe auf Eisbrecher angewiesen, die ihnen den Weg bahnen.

Kumpel im Eis
Normale Schiffe heuern Eisbrecher an, die vor ihnen einen Weg durch das Eis bahnen, damit sie ungehindert folgen können.

durch **5 m dickes Eis** hindurchbrechen.

Das Eis brechen

Eisbrecher haben sehr starke Rümpfe, damit sie der Wucht des berstenden Eises widerstehen können. Der gewölbte Bug (Vorderseite des Schiffs) ermöglicht es ihnen, auf dickes Eis zu gleiten, das dann unter ihrem Gewicht bricht.

Breite Ladung

Seine besondere Form – vorne breit und hinten schmaler – ermöglicht es dem Eisbrecher, anderen Schiffen einen Weg durch das dicke Eis zu bahnen.

Eisbrecher

Einer der einfachsten und direktesten Wege für Schiffe, die nördliche Welthalbkugel zu queren, führt über den Polarkreis. Aber es gibt da ein Problem: Eis, und zwar jede Menge davon! Die Lösung sind riesige, starke Eisbrecherschiffe, die speziell dafür gebaut wurden, einen Weg durch die dicken Eisschichten zu bahnen.

Eisige Heimat

Seit mindestens 45 000 Jahren leben indigene Volksgruppen in der Arktis. Sie gehören mehr als 40 verschiedenen Ethnien an, von den Saami in Nordeuropa über die Nenzen und Chanten in Russland bis hin zu den Aleuten und Yupik in Alaska. Heute sind dort sowohl indigene als auch nicht indigene Menschen ansässig, aber die Lebensbedingungen haben sich geändert.

Wackeliger Boden
Der Klimawandel lässt den Permafrost schmelzen. Dadurch drohen Straßen aufzureißen und Gebäude umzustürzen. Auch die Wasserversorgung könnte dadurch beeinträchtigt werden.

Tagesfang

Die Menschen ernähren sich hauptsächlich von selbst gefangenem Fisch, von Robben und Rentieren. Obst, Gemüse oder Süßigkeiten müssen (wenn das Eis ausreichend geschmolzen ist) mit dem Boot oder mit dem Flugzeug geliefert werden. Das macht sie sehr teuer.

Leichtflugzeug

Fortbewegung

Einige arktische Gemeinden verfügen über Landebahnen, damit kleine Flugzeuge Passagiere und Waren an- und abtransportieren können. Jahrtausendelang benutzten die Menschen vor Ort Hundeschlitten, um sich fortzubewegen. Heutzutage fahren sie eher mit Schneemobilen.

Immer unterwegs
Manche Menschen führen einen nomadischen Lebensstil. Das bedeutet, dass sie ständig unterwegs sind, um den Rentierherden im Wechsel der Jahreszeiten zu folgen.

Rentier

Die Menschen haben viele Wege gefunden, um an den wohl entlegensten Orten der Erde zu überleben.

Verschiedene Häuser

Gebäude wie diese bunten, holzgetäfelten Häuser in Grönland sind in der Arktis weit verbreitet. Die Inuit, eine dort ansässige indigene Gruppe, nutzen auch Iglus als Unterkünfte, z. B. auf der Jagd, beim Fischfang oder für kulturelle Zeremonien.

Eisstraßen
Im Winter werden Eisstraßen über die zugefrorene Tundra und über Seen und Flüsse gebaut.

Wetterfeste Kleidung

Früher haben die Menschen in der Arktis Kleidung aus den Häuten und Fellen von erlegten Tieren wie Robben oder Bären hergestellt. Heute tragen sie eher Materialien, die maschinell hergestellt wurden, wie Baumwolle.

Stadtalltag in der Arktis

Städte in der Arktis? Ja, die gibt es tatsächlich! Nördlich des Polarkreises liegen 10 Städte mit einer Einwohnerzahl von 30 000 Menschen oder mehr. Die größte davon ist Murmansk in Russland.

Raue Bedingungen

Einige Städte, wie Norilsk in Russland, sind nur mit dem Boot oder dem Flugzeug zu erreichen, da es keine Straßenverbindung gibt! Auch die Temperaturen hier können eine Herausforderung sein. In Murmansk kann es im Winter bis zu –39,4 °C kalt werden.

Lange Tage und Nächte

In den meisten dieser Städte gibt es im Winter mindestens einen Tag, an dem die Sonne nicht aufgeht, und mindestens einen Tag im Sommer, an dem sie nicht untergeht.

Baumlose Städte

Weil sie so weit im Norden liegen, wachsen in den meisten arktischen Städten keine Bäume.

Natur erleben

Hoch im Norden genießen die Menschen wunderschöne Sonnenuntergänge und Polarlichter. Wintersportarten wie Skifahren und Wandern sind beliebt.

Gemeinden

In den arktischen Städten leben indigene und nicht indigene Menschen zusammen.

Arktisexpeditionen

Seit Anfang des 19. Jahrhunderts waren Forschende wie besessen von der Idee, als Erste den Nordpol zu erreichen. Zwei Teams behaupteten, dass sie dieses Ziel bei ihren Expeditionen in den Jahren 1908 und 1909 erreicht hätten. Bis heute steht allerdings nicht mit Sicherheit fest, ob sie es tatsächlich bis zum Nordpol geschafft haben.

VIEL BESUCH

Die Mitglieder der Arktisexpeditionen kamen aus den unterschiedlichsten Ländern. Wir müssen aber immer bedenken, dass seit mindestens 45 000 Jahren indigene Volksgruppen in dieser Region zu Hause sind und sich dort auskennen. Fachleute für Geschichte und andere Wissenschaften vermuten: Der erste nicht indigene Mensch, der die Arktis besuchte, war ein antiker griechischer Entdecker namens Pytheas, der um 300 v. Chr. auf Entdeckungsreise ging.

Überleben im Schnee
Nicht indigene Menschen lernten von den Inuit, wie sie sich warm und trocken halten, indem sie Kleidung aus Robbenfell und Hirschleder herstellten.

Expeditionen reisten mit **Hundeschlitten** durch das Eis.

Inzwischen gab es Hunderte von Expeditionen zum Nordpol. Die Menschen sind mit Skiern, Flugzeugen, Motorrädern und sogar U-Booten dorthin gelangt!

Teamwork
Die Mannschaft von 1909 bestand aus vier Inuit – Ootah, Seegloo, Egingwah und Ooqueah – und zwei Männern aus den USA – Matthew Henson und Robert Peary.

Möglicher Pol
Das Team von 1909 wurde an einem Ort fotografiert, den sie für den Nordpol hielten.

Expedition im Jahr 1909

Lange Zeit glaubte man, dass die ersten nicht indigenen Menschen, die den Nordpol erreichten, Mitglieder der Expedition von 1909 waren. Später stellte sich jedoch heraus, dass das Team lediglich bis kurz vor den geografischen Nordpol gekommen war.

Expeditionen in die Arktis fanden unter schwierigen und gefährlichen Bedingungen statt.

LOUISE ARNER BOYD

Boyd war die erste Frau, die 1955 den Nordpol überflog, aber das ist nicht alles! Im Lauf ihres Lebens unternahm sie Wissenschaftsexpeditionen und studierte Gletscher und neue arktische Pflanzenarten. Sie war sogar als Spionin während des Zweiten Weltkriegs tätig.

Der Schwanz eines Buckelwals durchbricht die Wasseroberfläche in der Antarktis.

LEBEN IN DER ANTARKTIS

Ganz im Süden, am Ende der Welt, versuchen Fachleute die Geheimnisse der Antarktis zu enthüllen.

In der Antarktis herrschen die niedrigsten Temperaturen, die man jemals auf der Erde gemessen hat. Diese Gegend ist nichts für schwache Nerven! Dennoch haben Tiere Wege gefunden, sich dort zu entwickeln. Orcas und Seeleoparden jagen Pinguine durch die Wellen, während Schwimmvögel nach Krill tauchen. Albatrosse, Sturmvögel und Raubmöwen segeln oben am Himmel. Unter dem Eis geht es noch erstaunlicher zu, denn hier verbringen Schwämme und Würmer ihr Leben in völliger Dunkelheit.

Packeis

Mal schwimmt das Packeis lose auf dem Wasser, dann ist es wieder zusammengepresst. Es verändert sich ständig und ist charakteristisch für die antarktische Landschaft.

Antarktische Pelzrobbe

Rastplatz
Pinguine, Robben und Seevögel machen Schwimmpausen auf Inseln aus Packeis.

Packeis verändert und **bewegt** sich ständig.

Was ist Packeis?

Packeis ist frei schwimmendes Eis, das nicht mit dem Land verbunden ist. Wenn kleine Stücke Meereis zusammenfrieren, bilden sie Treibeis. Wird Treibeis durch Wind oder Meeresströmungen zusammengeschoben, bilden sich Eisschollen. Und wenn Eisschollen aufeinandertreffen und zusammenfrieren, entstehen große Flächen aus Packeis.

Rafting-Eis und Druckkämme

Wenn ein Stück Eis auf ein anderes geschoben wird, nennt man das Rafting. Druckkämme entstehen, wenn gebrochenes Eis zu einer festen Wand zusammengeschoben wird.

Auf dem Weg zum Abendessen
Krill ernährt sich von Algen, die auf der Unterseite des Packeises wachsen. Das Packeis wird damit zu einem leckeren Buffet für Krillfresser wie Pinguine.

Futterplatz
Angelockt von Pinguinen, die Krill fressen, lauern Seeleoparden in den Gewässern unter dem Packeis.

Das Packeis verändert sich täglich, je nach Temperatur, Wind und Meeresströmung.

EINE WELT IM WANDEL

Jeden Winter verdoppelt sich die Größe der Antarktis, wenn das eiskalte Wasser, das den Kontinent umgibt, zu dickem Meereis gefriert.

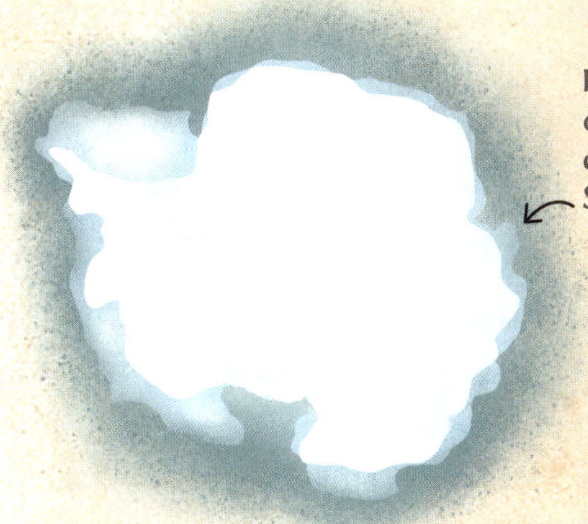

SOMMER

Im Sommer bricht das Meereis um die Antarktis in Packeis auf, das auf das Meer hinausschwimmt. Dort schmilzt es und gelangt so zurück in den Ozean.

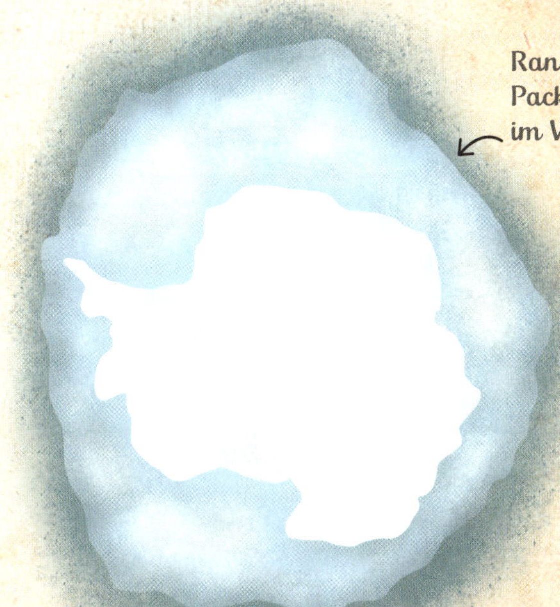

WINTER

Wenn der Winter naht und das Sonnenlicht schwindet, gefriert das Oberflächenwasser um die Antarktis erneut zu einer dicken Eisschicht.

Unter dem Eis

Tief unter der Oberfläche der Antarktis liegt eine Welt, die die meisten von uns nie sehen werden. Obwohl dorthin kein Sonnenlicht vordringt, gibt es im Wasser unter dem Schelfeis reichlich Lebewesen, von denen die meisten erst kürzlich entdeckt wurden.

MOOSTIERCHEN

Diese Wesen leben auf dem Meeresboden und ernähren sich von Algen, die sie aus dem Wasser filtern.

RÖHRENWÜRMER

Röhrenwürmer sondern Mineralien ab, aus denen sie röhrenartige Schalen zum Schutz ihrer empfindlichen Körper bilden.

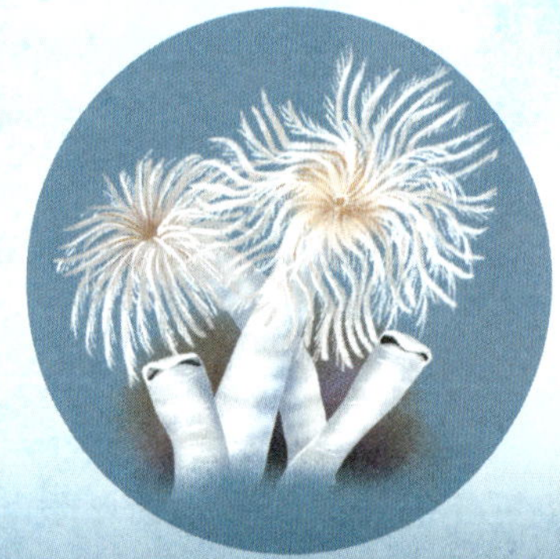

SCHWÄMME

Wusstest du, dass Schwämme Tiere sind? Sie sitzen auf dem Meeresboden und filtern ihre Nahrung aus dem Wasser.

FLOHKREBSE

Schwärme von winzigen Krebstieren, die man Amphipoden nennt, wurden tief unter dem Schelfeis der Antarktis entdeckt.

DUNKLE TIEFEN

Im Jahr 2021 gab es eine große Überraschung: Es wurde ein Ökosystem entdeckt, das fast 200 m unter dem dauerhaften Eisschild der Antarktis liegt. Das ist so tief, dass die Lebewesen dort nie Sonnenlicht sehen.

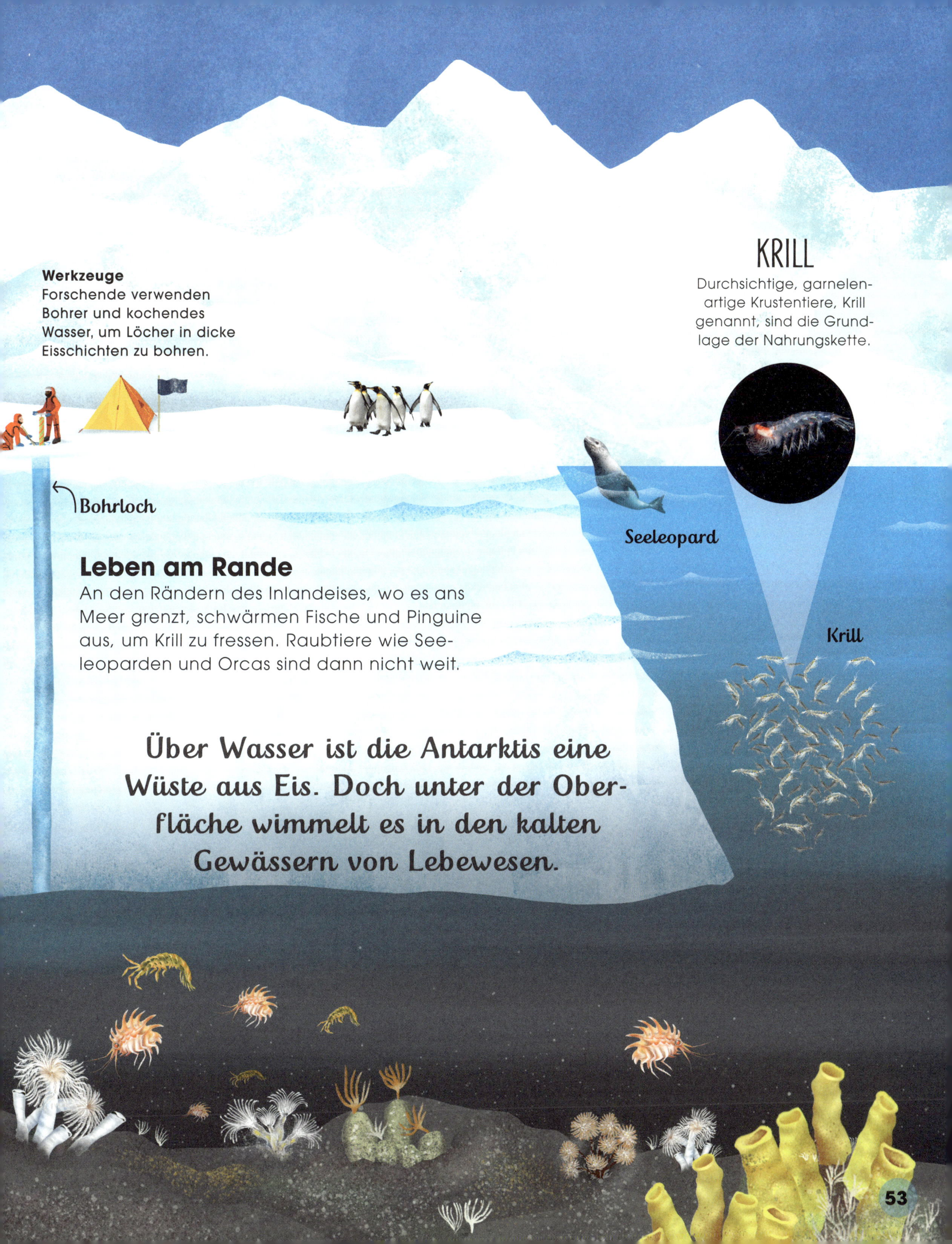

Werkzeuge
Forschende verwenden Bohrer und kochendes Wasser, um Löcher in dicke Eisschichten zu bohren.

KRILL

Durchsichtige, garnelenartige Krustentiere, Krill genannt, sind die Grundlage der Nahrungskette.

Leben am Rande

An den Rändern des Inlandeises, wo es ans Meer grenzt, schwärmen Fische und Pinguine aus, um Krill zu fressen. Raubtiere wie Seeleoparden und Orcas sind dann nicht weit.

Über Wasser ist die Antarktis eine Wüste aus Eis. Doch unter der Oberfläche wimmelt es in den kalten Gewässern von Lebewesen.

Energiequelle
Die Energie der Sonne wird von Pflanzen, Algen und Plankton aufgenommen.

Schlüssellebewesen

Krill verschlingt winzige Lebewesen, die als Plankton bezeichnet werden, und wird dann selbst gefressen. Ohne Krill würde die Nahrungskette zusammenbrechen.

Krill

Der etwa 6 Zentimeter lange Krill ist ein kleines, garnelenartiges Krustentier, das überall auf der Welt vorkommt. Besondere Bedeutung hat er in den Gewässern der Antarktis, wo er das Herzstück der Nahrungskette bildet – als Verbindung zwischen den verschiedenen Arten in einem Ökosystem.

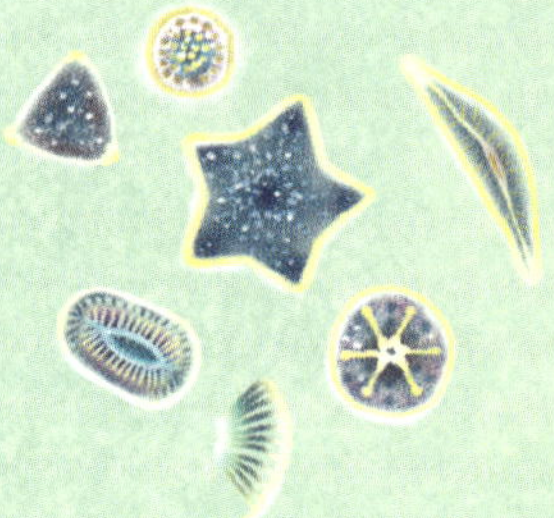

Plankton

Lebenswichtige Nahrungsquelle
Plankton bezeichnet winzige Pflanzen und Tiere, die in der Meeresströmung treiben.

Fressen durch Filtern

Krill benutzt haarähnliche Kämme an den Vorderbeinen, um Plankton im Wasser aufzusammeln und zu fressen.

Krill

Adeliepinguine

Tiefseetaucher
Adeliepinguine können bis zu 175 m tief tauchen, um Krill, ihre Hauptbeute, zu jagen.

Orca

Raubtier der Spitzenklasse
Orcas sind Raubtiere an der Spitze der Nahrungskette. Ihre vielfältige Ernährung umfasst auch große Tiere wie Robben.

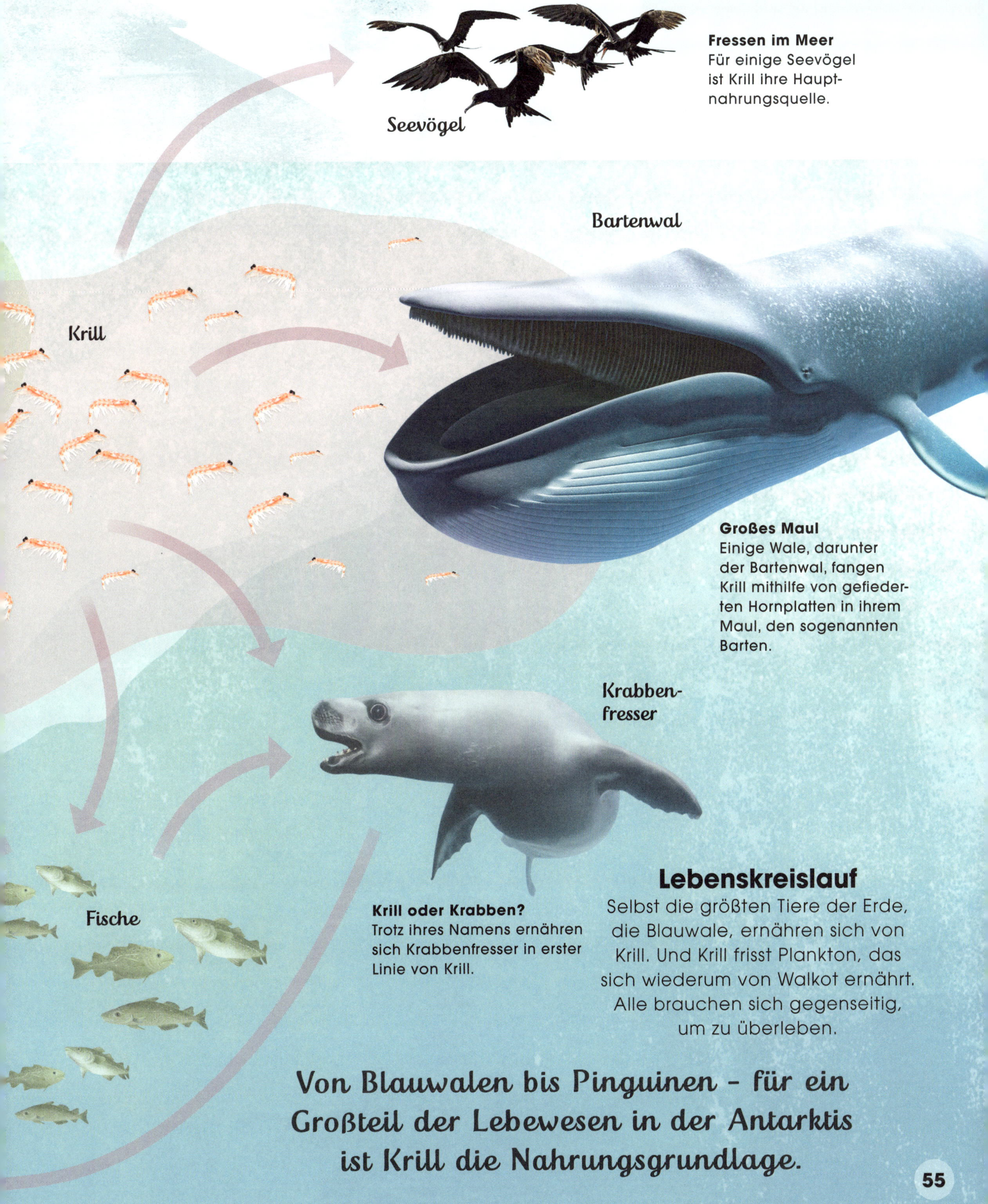

Fressen im Meer
Für einige Seevögel ist Krill ihre Hauptnahrungsquelle.

Großes Maul
Einige Wale, darunter der Bartenwal, fangen Krill mithilfe von gefiederten Hornplatten in ihrem Maul, den sogenannten Barten.

Krill oder Krabben?
Trotz ihres Namens ernähren sich Krabbenfresser in erster Linie von Krill.

Lebenskreislauf

Selbst die größten Tiere der Erde, die Blauwale, ernähren sich von Krill. Und Krill frisst Plankton, das sich wiederum von Walkot ernährt. Alle brauchen sich gegenseitig, um zu überleben.

Von Blauwalen bis Pinguinen – für ein Großteil der Lebewesen in der Antarktis ist Krill die Nahrungsgrundlage.

Robben

In der Antarktis gibt es sechs Arten von Robben. Einige gehören zu den größten Raubtieren der Region. Männliche See-Elefanten wiegen mehr als ein Kleintransporter.

Augen auf!
Große Augen und Pupillen ermöglichen es den Robben, auch in der finsteren Tiefsee gut zu sehen.

See-Elefanten haben ihren Namen wegen der **rüsselartigen Nasen.**

Luft anhalten
See-Elefanten können mit einem einzigen Atemzug fast zwei Stunden unter Wasser bleiben.

Rossrobbe

Pelzrobbe

Flauschig
Pelzrobben sind die kleinsten Robben in der Antarktis.

Weddell-robbe

Luftlöcher
Weddellrobben nagen sich durch das Eis, um sich Atemlöcher zu schaffen.

Seeleopard

Leoparden des Meers

Ihr Name verrät es schon: Seeleoparden sind gefährliche Raubtiere, die Pinguine, Fische, Tintenfische und sogar andere Robben jagen.

Pinguin

Einen Großteil ihres Lebens verbringen die Robben unter dem Eis, wo es oft wärmer ist als an der Oberfläche.

Meeresriesen

In den antarktischen Gewässern sind einige der größten und spektakulärsten Lebewesen der Erde zu Hause. Das kalte, tiefe Wasser enthält viele Nährstoffe, die über die Wasserströmungen an die Oberfläche gespült werden.

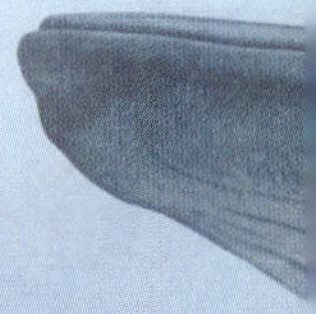

Riesenwal
Der Blauwal ist das größte Tier der Erde. Sein Herz ist so groß wie ein Auto.

Orca

Stark im Team
Wenn Orcas im Rudel jagen, können sie Tiere erlegen, die ein Vielfaches ihrer Größe aufweisen – sogar Blauwale!

Südliche Entenwale

Melonenkopf
In der bauchigen Stirn des Südlichen Entenwals befindet sich ein spezielles Organ, Melone genannt. Es dient zur Echoortung, bei der die Tiere sich mithilfe von Schallwellen orientieren.

ZAHNWALE

Zahnwale sind Raubtiere. Sie benutzen ihre scharfen Zähne, um Fische, Tintenfische, Seevögel und manchmal andere Meeressäugetiere wie Robben zu fressen.

Pottwal

Riesen gegen Riesen
Die Wissenschaft vermutet, dass Pottwale in der Tiefsee manchmal mit Riesenkalmaren kämpfen und sie als Beute erlegen.

Arnoux-Schnabelwal

Luft anhalten
Der Arnoux-Schnabelwal kann eine Stunde lang unter Wasser bleiben.

Atempause
Um die Luft an der Oberfläche leichter aufnehmen zu können, haben alle Bartenwale zwei Blaslöcher, die ein wenig den menschlichen Nasenlöchern gleichen.

BARTENWAL

Diese Wale haben riesige, kammartige Strukturen im Maul, die man Barten nennt. Die Barten bestehen aus Keratin (wie unsere Haare und Nägel). Mit ihnen können die Wale große Mengen winziger Pflanzen und Tiere aus dem Wasser filtern, die als Nahrung für andere Tiere zu klein sind.

Großer Wanderer
Buckelwale wandern Tausende von Kilometern zu ihrer Brutstelle.

Keratinplatten
Der Südliche Glattwal hat etwa 250 Bartenplatten in seinem riesigen Maul.

Der Blauwal ist das größte Lebewesen aller Zeiten.

Zweiter Platz
Der Finnwal ist die zweitgrößte Walart der Welt.

Sommervögel

Küstenseeschwalben brüten in der Arktis, wenn auf der nördlichen Erdhalbkugel Sommer ist. Pünktlich zum Sommer auf der südlichen Halbkugel fliegen sie in die Antarktis.

Südwärts
Um in die Antarktis zu gelangen, reisen einige Seeschwalben entlang der afrikanischen Küste, andere entlang der südamerikanischen Küste.

Nordwärts
Seeschwalben ziehen, von starken Winden unterstützt, über das Meer zurück in die Arktis.

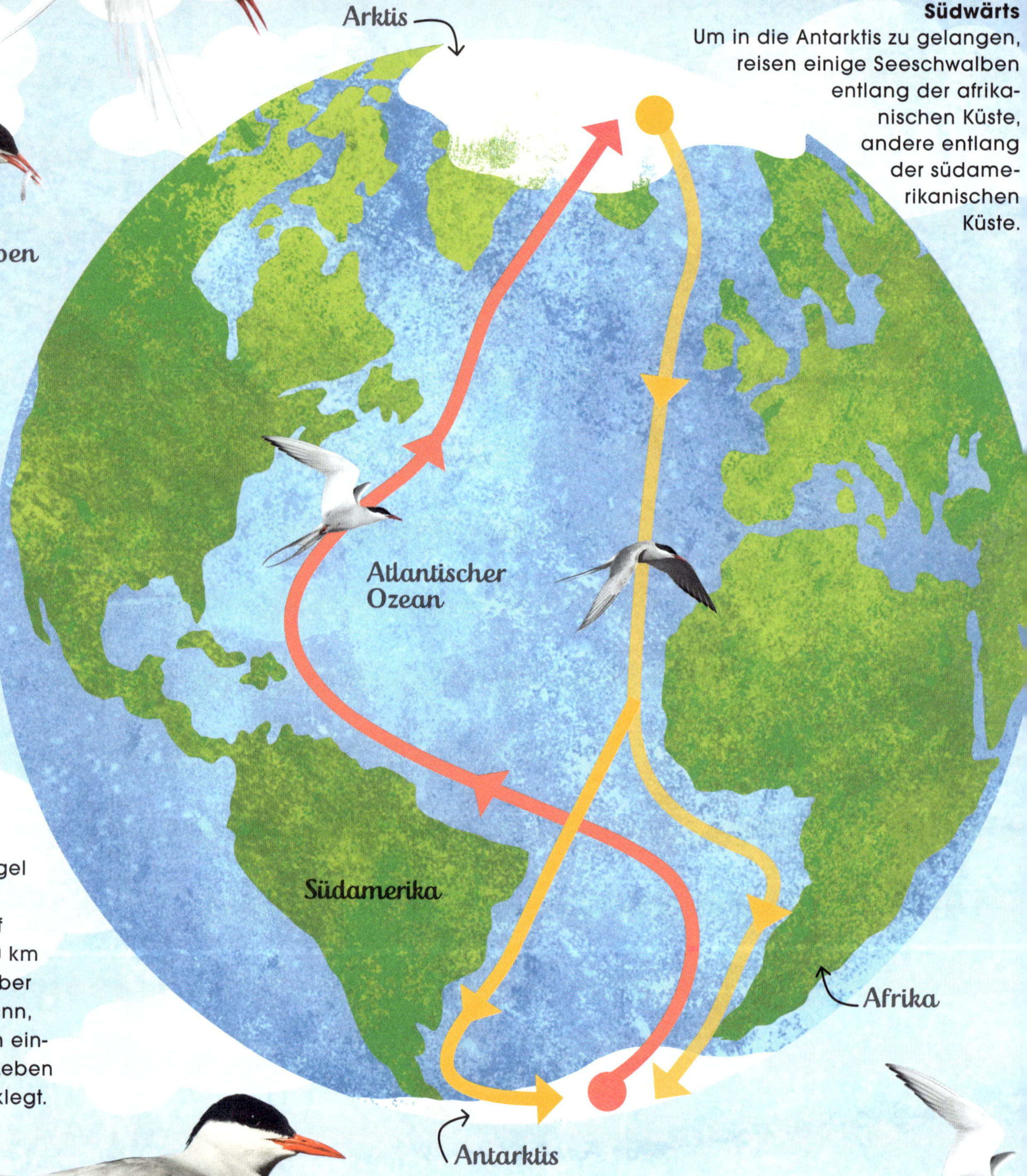

KÜSTEN-SEESCHWALBE

Dieser erstaunliche Vogel fliegt weiter als jedes andere Lebewesen auf der Erde – bis zu 71 000 km im Jahr. Da diese Art über 30 Jahre alt werden kann, ist es möglich, dass ein einziger Vogel in seinem Leben 2,4 Millionen km zurücklegt.

Antarktis-vögel

Die Antarktis ist berühmt für ihre Pinguine. Hier leben aber auch Dutzende anderer erstaunlicher Vogelarten, von denen du vielleicht noch nie gehört hast.

RIESENSTURMVOGEL

Sie fressen verrottende Kadaver und werden auch „Stinker“ genannt, weil sie ihren streng riechenden Mageninhalt erbrechen, wenn sie sich erschrecken.

GROSSER STURMTAUCHER

Diese Art ist einer der wenigen Vögel, die bei ihren Wanderungen den ganzen Weg von den subantarktischen Inseln bis zur nördlichen Halbkugel zurücklegen.

RAUBMÖWE

Raubmöwen verbringen die meiste Zeit ihres Lebens auf See. Einen Großteil ihrer Nahrung stehlen sie von anderen Seevögeln.

ANTARKTIS-KORMORAN

Wegen seiner blauen Augen wird dieser Vogel auch „Blauaugenscharbe“ genannt.

WANDERALBATROS

Diese riesigen Vögel sind Meister der Lüfte und bleiben fünf bis zehn Jahre auf See, bevor sie zur Paarung an Land zurückkehren.

TAUBENSTURMVOGEL

Sturmvögel fliegen tief über dem Ozean, um mit ihren Schnäbeln Krill und Tintenfische aus dem Wasser zu fischen.

SCHEIDENSCHNABEL

Diese taubenähnlichen Vögel stehlen Nahrung und fressen auch Kot. Manchmal fahren sie per Anhalter auf vorbeikommenden Schiffen mit.

STURMSCHWALBE

Diese Art ernährt sich, indem sie über dem Wasser schwebt und kleine Beutetiere mit dem Schnabel aufpickt.

Pinguine

Weltweit gibt es 18 Pinguinarten, aber nur fünf davon kommen auf dem Festland der Antarktis vor. Pinguine können nicht fliegen, sind aber dank ihrer kräftigen Flossen und torpedoförmigen Körper ausgezeichnete Schwimmer.

Esels-pinguin

Kaiser-pinguine

Der Größte!

Mit einem Gewicht von etwa 40 kg und einer Größe von 115 cm ist der Kaiserpinguin die größte Pinguinart der Erde.

Südlicher Felsen-pinguin

Leben auf See
Goldschopfpinguine können bis zu drei Wochen am Stück auf der Jagd im Meer verbringen.

Inselleben
Königspinguine leben und brüten auf Inseln rund um die Antarktis.

Goldschopf-pinguin

Königs-pinguin

Anpassungsfähig

Anders als wir Menschen können Pinguine sowohl an Land als auch im Wasser gut sehen.

Eselspinguine sind die schnellsten Pinguine. Sie schwimmen mit einer Geschwindigkeit von bis zu 35 km/h!

Zügel-pinguin

Adelie-pinguine

Tiefseetaucher

Pinguine verbringen die meiste Zeit mit der Jagd im Wasser und tauchen manchmal Hunderte Meter tief, um Fische, Tintenfische und Krill zu fangen.

Pinguine sind **zum Schwimmen geboren.**

Große Anzahl
Zügelpinguine kommen in der Antarktis am häufigsten vor.

Antarktisexpeditionen

Der Südpol liegt inmitten der größten, kältesten und windigsten Wüste der Welt. Die Entdecker meinten jedoch, er sei leichter zu erreichen als der Nordpol, da er auf dem Festland liegt und nicht, wie der Nordpol, inmitten des geforenen Nordpolarmeers. Anfang des 20. Jahrhunderts starteten zwei Expeditionen in die Antarktis, woraus sich ein Wettlauf zum Südpol entwickelte.

Das Wissen der Inuit
Amundsens Team überlebte dank der von den Inuit erlernten Techniken. Beispielsweise kleideten sie sich in Tierhäute und Felle, um sich warm zu halten.

ROALD AMUNDSEN

Am 14. Dezember 1911 erreichten der norwegische Entdecker Roald Amundsen und sein Team als Erste den Südpol. Bei früheren Reisen in der Arktis hatten sie von den Inuit gelernt, in der tödlichen Kälte zu überleben. Für ihre Expedition zum Südpol benutzten sie Hundeschlitten und Skier und tatsächlich kehrten alle vier Mitglieder des Teams sicher zurück.

Von 1897 bis 1922 gab es 17 Antarktisexpeditionen.

Shackletons Schiff
Das verunglückte Schiff hieß *Endurance*.

Kampf gegen die Elemente
Scotts Expedition musste mit kälterem Wetter und härteren Bedingungen fertigwerden als Amundsens.

ROBERT SCOTT

Scott versuchte 1904 zum ersten Mal den Südpol zu erreichen und scheiterte. Bei seiner zweiten Expedition erreichte er den Südpol am 17. Januar 1912 und musste feststellen, dass Amundsen dies bereits 34 Tage zuvor geschafft hatte. Scott und sein Team starben auf dem Weg zurück zu ihrem Schiff.

ERNEST SHACKLETON

1914 fror Shackletons Schiff bei dem Versuch, die Antarktis zu durchqueren, im Meereis ein. Die Mannschaft verbrachte Monate auf dem Schiff. Als es schließlich zerbrach und sank, fuhren sie sechs Tage lang in Rettungsbooten zur Elefanteninsel. Von dort aus reiste Shackleton noch fast 1300 km weiter auf der Suche nach Hilfe. Nach 20 Monaten brachte er alle Seeleute sicher nach England zurück.

Schickes Schiff
Mithilfe von ferngesteuerten U-Booten fanden Forschende die *Endurance* im Jahr 2022 auf dem Grund des Weddellmeers. Sie war immer noch in erstaunlich gutem Zustand!

Scullin-Monolith

INGRID CHRISTENSEN

Jahrzehntelang war es Frauen nicht erlaubt, bei den Expeditionen von Männern mitzufahren. Im Jahr 1931 waren Ingrid Christensen und Mathilde Wegger schließlich die ersten Frauen, die die Antarktis von einem Schiff aus sahen. Christensen kehrte mehrmals zurück und überflog 1936 den Kontinent. 1937 landete sie mit ihren drei weiblichen Besatzungsmitgliedern am Scullin-Monolith. Sie war damit die erste Frau, die das antarktische Festland erreichte.

Forschungsstationen

Den antarktischen Winter übersteht man nur in besonderen Gebäuden. Sie stehen auf Stelzen, die angehoben und abgesenkt werden können, um zu verhindern, dass die Forschungsstationen unter Neuschnee begraben werden. Jedes Abteil dient einem anderen Zweck, vom Schlafen über Sport bis hin zu wissenschaftlichen Experimenten.

Erforschung

Im Jahr 1959 kamen 12 Nationen zusammen, um den Antarktis-Vertrag zu unterzeichnen. Darin wurde erklärt, dass der antarktische Kontinent nur für friedliche Zwecke genutzt werden sollte – also: kein Krieg, keine Atomwaffen, aber viel wissenschaftliche Forschung!

Ein Ort für die Wissenschaft

Bisher haben mehr als 50 Länder den Antarktis-Vertrag unterzeichnet, weshalb die Antarktis auch „Internationaler Kontinent" genannt wird.

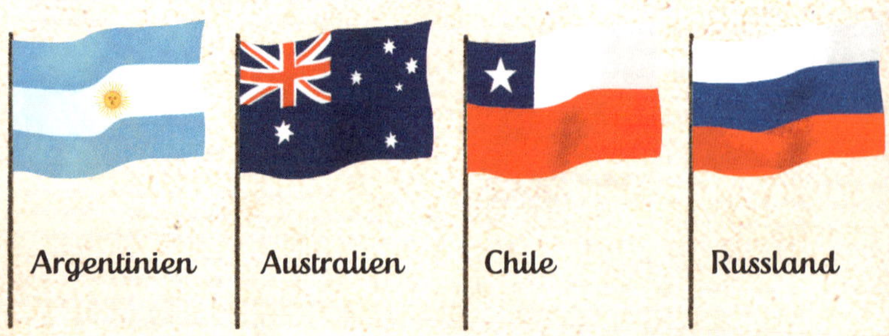

Wie lebt man in der Antarktis?

Im Winter wird es so kalt, dass das Atmen schmerzt. Stürme können wochenlang dauern und die Dunkelheit kann überwältigend sein. Doch wer dort forscht, findet auch Zeit zum Klettern, Skifahren und sogar zum Fußballspielen im Freien.

In der Antarktis leben im Sommer rund 4400 Forschende und ihre Hilfskräfte - im Winter sind es nur rund 1100 Menschen.

Was wird untersucht?

In der Antarktis werden viele unterschiedliche Dinge erforscht, darunter die Folgen des Klimawandels, Tiere, Polarlichter, die Ozonschicht und sogar Neutrinos, also winzige Teilchen, die aus dem Weltraum stammen.

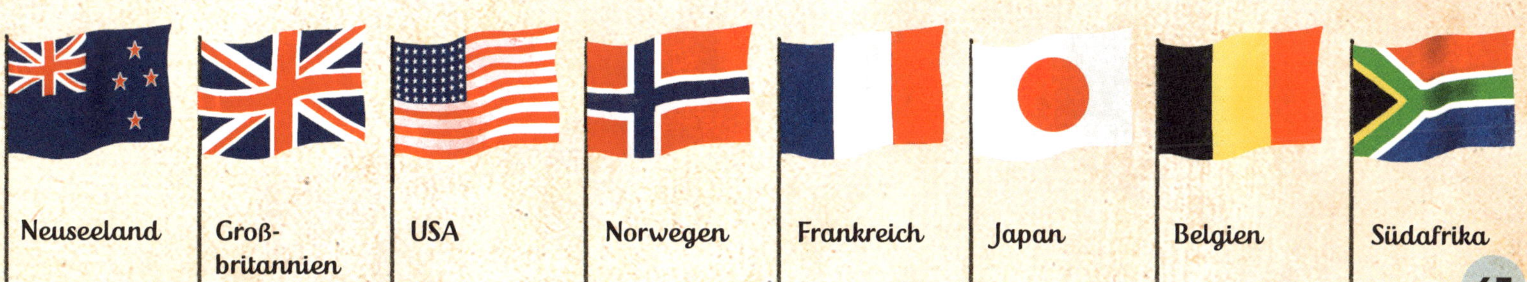

DIE WELT AUS EIS UND ICH

Sowohl die Arktis als auch die Antarktis sind von den Auswirkungen des Klimawandels bedroht.

Durch die Verbrennung fossiler Brennstoffe wie Kohle und Öl zur Energieerzeugung erwärmt sich die Erde. Dies hat bereits Auswirkungen auf die Pole. Da Eisschilde und Gletscher schmelzen, verändern sich die Ökosysteme schneller, als sich Pflanzen und Tiere anpassen können. Trotzdem: Es ist noch nicht zu spät, diese Entwicklung aufzuhalten.

Wenn wir alle zusammenarbeiten, können wir Arten vor dem Aussterben bewahren und Lebensräume wiederherstellen. Nur gemeinsam können wir die Polargebiete retten und Menschen, Pflanzen und Tiere schützen.

Die Natur zu verstehen, heißt sie besser schützen zu können. Auch wenn du nicht an den Polen lebst, haben sie viel mit deinem Leben zu tun.

Eis in Gefahr

Unser Planet wird immer wärmer. Wir verbrennen fossile Brennstoffe wie Öl und Kohle und holzen Wälder ab. Dadurch verändert sich das Klima schneller als je zuvor. Dieser Klimawandel stellt eine große Gefahr für die Pole dar, weil er die ganze Erde erwämt.

Die Sonne erwärmt unseren Planeten, was das Leben hier erst möglich macht. Allerdings gibt sie auch schädliche Strahlung ab.

Schmelzendes Eis

Durch die Erwärmung schmilzt immer mehr Eis an den Polen. Eisbären, Walrosse und viele andere Lebewesen brauchen das Eis aber, um sich in ihrer Heimat fortzubewegen und zu jagen. Ohne das Eis finden sie nicht genug Nahrung zum Überleben.

KLIMAWANDEL

Die Erdatmosphäre wirkt wie ein Treibhaus: Sie fängt die Sonnenenergie ein und erwärmt die Erde. Doch aktuell sammelt sich mehr Wärme in der Atmosphäre als jemals zuvor.

Eisbär

Viel Schiffsverkehr
Mehr Schiffe bedeuten eine zunehmende Verschmutzung der Meere und eine Bedrohung für Meerestiere durch Lärm und Verletzungen.

Ein Teil der Strahlung wird in der Erdatmosphäre eingeschlossen, sodass sich der Planet erwärmt.

Etwas Wärme entweicht zurück in den Weltraum.

Durch den Einfluss des Menschen sammeln sich in der Erdatmosphäre schädliche Treibhausgase an, die noch mehr Sonnenstrahlung abfangen.

Überschwemmungen
Wenn immer mehr Eis schmilzt und das Wasser in die Ozeane fließt, steigen die Meeresspiegel an. Dann sind weltweit die Lebensräume an den Küsten von Überschwemmungen bedroht.

Kampf um Nahrung
Die Wissenschaft befürchtet, dass wärmere Meere dem Krill das Überleben erschweren. Dies würde sich dann auf viele andere Tiere auswirken, deren Hauptnahrungsquelle der Krill ist.

Pinguine

Krill

Hilfe für das Eis

Der Klimawandel ist ein Problem, das nicht nur die Polargebiete, sondern alle Ökosysteme der Welt betrifft. Weil er durch Menschen verursacht wird, ist es auch unsere Aufgabe, ihn zu stoppen. Jeder kann unseren Planeten sauberer, grüner und lebenswerter zu machen!

Ausschalten
Du brauchst kein Licht? Dann schalte es aus!

Zweitverwertung
Fällt dir eine neue Verwendung für alte Flaschen oder Tüten ein?

Sortieren und trennen
Hilf den Erwachsenen, damit die Wertstoffe in der richtigen Recyclingtonne landen.

ENERGIE SPAREN

Der meiste Strom wird aus klimaschädlichen fossilen Brennstoffen wie Kohle und Gas gewonnen. Schalte Lampen und elektronische Geräte aus, die du nicht brauchst. So kannst du Enegerie sparen.

WIEDERVERWENDUNG

Wiederverwendung oder Recycling helfen dabei, den Bedarf an Rohstoffen zu verringern und die Umweltverschmutzung einzudämmen.

Selbst kleine Maßnahmen zur Bekämpfung des Klimawandels können dabei helfen, das Polareis zu retten.

Fahr mal Rad!
Für kurze Wege sind Fahrräder eine umweltschonende Wahl.

Fahrradhelm

ES GEHT UNS ALLE AN

Regierungen, Unternehmen und die Wissenschaft können am meisten tun, um den Klimawandel aufzuhalten. Dazu gehört erneuerbare Energiequellen wie Windkraft- oder Solaranlagen zu fördern und alternative Technologien zu entwickeln. So können wir die von uns produzierten Treibhausgase verringern.

EMISSIONEN SENKEN

Mit fossilen Brennstoffen betriebene Autos stoßen schädliche Treibhausgase aus, die den Klimawandel beschleunigen. Wenn du kannst, geh zu Fuß oder nimm Fahrrad, Bus oder Bahn.

Walbeobachtung
Mittlerweile erholt sich die Zahl der Blauwale. Heute können Menschen von Booten aus Wale in ihrem natürlichen Lebensraum beobachten.

Ein Erfolg im Eis

Der Blauwal ist das größte Tier, das je existiert hat – er ist größer als jeder Dinosaurier. Blauwale wurden nur wenige Jahrzehnte gejagt, aber sie sind dadurch fast ausgestorben. Als in den 1970er-Jahren weltweit nur noch 360 Exemplare lebten, beschloss man, dem Walfang ein Ende zu setzen und die Blauwale zu retten.

Heute gibt es bis zu **25 000 Blauwale**.

Es gibt mehrere Unterarten des Blauwals, wobei die antarktischen Blauwale die längsten und schwersten von allen sind.

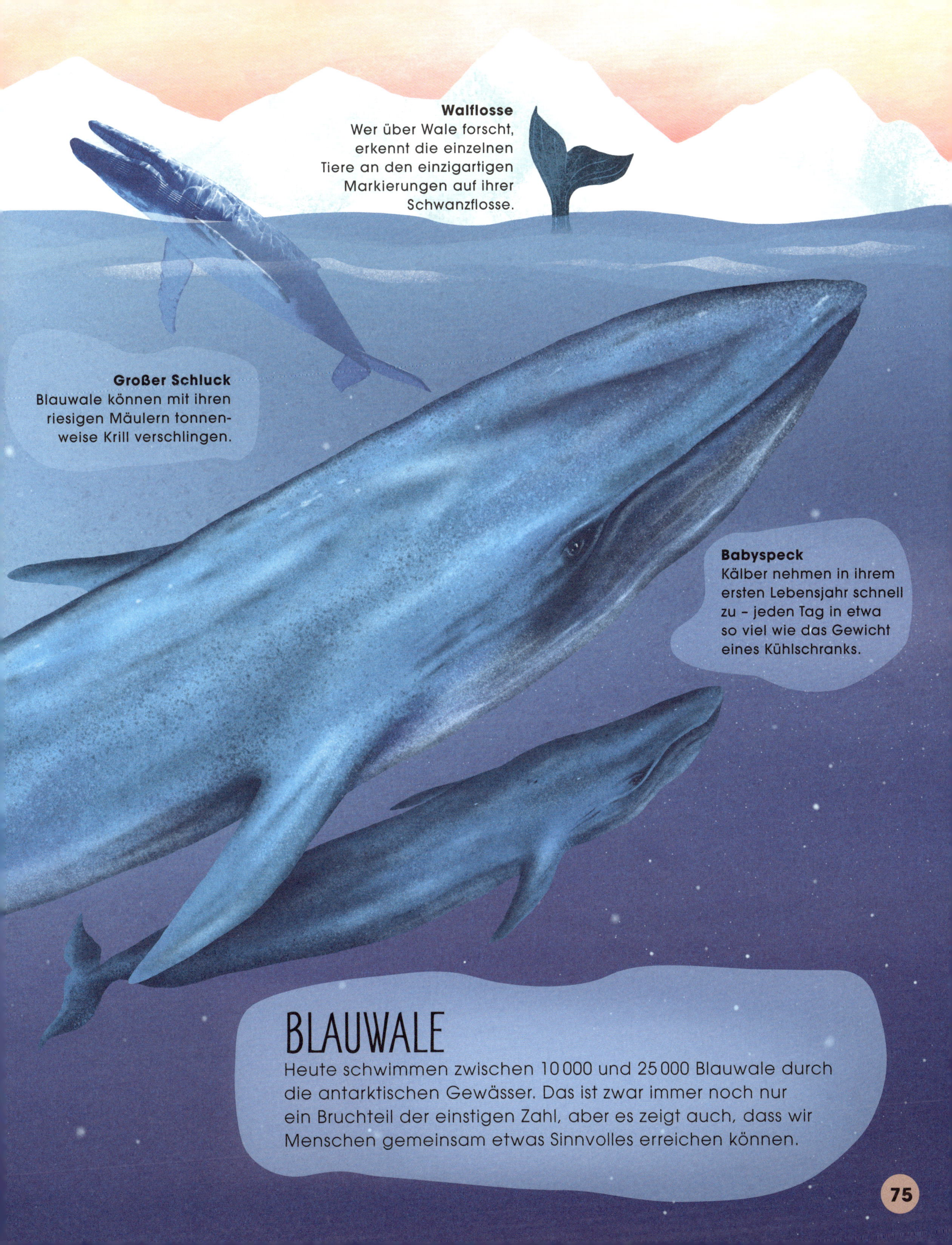

Walflosse
Wer über Wale forscht, erkennt die einzelnen Tiere an den einzigartigen Markierungen auf ihrer Schwanzflosse.

Großer Schluck
Blauwale können mit ihren riesigen Mäulern tonnenweise Krill verschlingen.

Babyspeck
Kälber nehmen in ihrem ersten Lebensjahr schnell zu – jeden Tag in etwa so viel wie das Gewicht eines Kühlschranks.

BLAUWALE

Heute schwimmen zwischen 10 000 und 25 000 Blauwale durch die antarktischen Gewässer. Das ist zwar immer noch nur ein Bruchteil der einstigen Zahl, aber es zeigt auch, dass wir Menschen gemeinsam etwas Sinnvolles erreichen können.

Glossar

AASFRESSER

Tier, das sich von den Überresten toter Tiere ernährt.

ANPASSUNG

Veränderung eines Lebewesens, um besser in seiner Umgebung zu überleben.

ATMOSPHÄRE

Eine gasförmige Hülle um die Erde, die den Planeten vor zu intensiver Sonneneinstrahlung schützt.

BENTHOS

Gemeinschaft aller Lebewesen in der Bodenzone des Meers.

BEUTE

Tier, das von anderen Tieren zur Ernährung gejagt wird.

BLASLOCH

Nasenloch im oberen Teil am Kopf eines Wals, mit dem er atmet.

DAMM

Barriere, die Wasser zurückhält.

ECHOORTUNG

Dieses Verfahren wenden einige Tiere an, um Objekte mithilfe von Schall zu orten. Sie erzeugen Töne, deren Schallwellen als Echo zu ihnen zurückkommen. Daran, wie lange das Echo braucht, erkennen sie, wo und in welcher Entfernung sich z. B. Beutetiere befinden.

EVOLUTION

Veränderung und Anpassung von Lebewesen im Lauf der Zeit, um ihr Überleben zu sichern.

FETTSCHICHT

Körpergewebe, in dem Fett gespeichert ist. Bei Walen und Robben nennt man es Blubber.

FOSSILE BRENNSTOFFE

Brennstoffe wie Kohle oder Öl, die über Millionen von Jahren aus Abbauprodukten von Tieren und Pflanzen entstanden sind.

GLIEDERFÜSSER

Gruppe der wirbellosen Tiere mit einem harten Außenskelett und einem in Segmente unterteilten Körper.

HEMISPHÄRE

Obere oder untere Halbkugel der Erde, wobei die Arktis auf der Nordhalbkugel, die Antarktis auf der Südhalbkugel liegt.

INDIGENE GRUPPEN

Einwohner, die von den frühesten bekannten Bewohnern eines Orts abstammen.

INUK

Person, die zur indigenen Volksgruppe der Inuit gehört.

KLIMAWANDEL

Veränderungen von Temperatur und Wetter auf der Erde. Sie können

natürliche Ursachen haben oder menschliche, wie z. B. Umweltverschmutzung.

KRUSTENTIER

Art von Gliederfüßern, die in der Regel im Wasser lebt und durch Kiemen atmet, wie Hummer und Krabben.

LANDMASSE

Kontinent oder große Landfläche.

LARVE

Entwicklungsstadium eines Insekts nach dem Schlüpfen aus einem Ei, aber vor dem Erwachsenenstadium.

MAGNETFELD

Magnetischer Bereich, der einen Magneten, Planeten, Stern oder eine Galaxie umgibt.

MINERAL

Eine Gruppe von Chemikalien, die einen in der Natur vorkommenden Feststoff bilden, z. B. Kristalle.

NOMADISCH

Wenn man nicht an einem festen Ort lebt, sondern sich in einem Gebiet bewegt, um Nahrung und Wasser zu finden.

ÖKOSYSTEM

Gemeinschaft von Lebewesen und ihrer Umwelt.

PARASIT

Tier, das auf Kosten eines anderen Tiers lebt und sich von ihm ernährt.

PERMAFROST

Eine Schicht dauerhaft gefrorenen Bodens.

POLAR

Die Gebiete in der Nähe des Nord- und des Südpols betreffend.

RAUBTIER

Tier, das andere Tiere zu seiner Ernährung jagt.

SONNENWIND

Strom geladener Teilchen, der von der Sonne entweicht.

STOSSZAHN

Langer Zahn, der aus den Kiefern von Tieren, wie z. B. Elefanten und Narwalen wächst.

TORPEDO

Dünne, zylinderförmige Unterwasserwaffe mit einem eigenen Antrieb.

TREIBHAUSGASE

Gase in der Erdatmosphäre, die Wärme binden und den Planeten aufheizen.

UMLAUFBAHN

Weg, den ein Objekt aufgrund der Schwerkraft um ein anderes kreist, wie z. B. die Bewegung der Planeten um die Sonne.

WALFANG

Jagd auf Wale, um ihr Fleisch und ihre Fettschicht zu erhalten.

WIRBELLOSE

Tiere ohne Wirbelsäule.

WIRBELTIER

Tier mit Wirbelsäule.

Register

Dank

Der Verlag dankt Susie Rae für die Erstellung des Registers.

BILDNACHWEIS

Der Verlag dankt folgenden Personen und Institutionen für die freundliche Genehmigung zum Abdruck ihrer Bilder: (Legende: o=oben, u=unten, M=Mitte, l=links, r=rechts, g=ganz, a=außen)

1 123RF.com: Eric Isselee / isselee (ul). **Dreamstime.com:** Agami Photo Agency (M); Isselee (Mr); Deaddogdodge (Mro); Sergey Uryadnikov / Surz01 (Mlu). **4-5 Dreamstime.com:** Oskari Porkka. **5-73 Dreamstime.com:** Designprintck (Background). **6-7 Dreamstime.com:** Ruslan Nassyrov / Ruslanchik. **6 Alamy Stock Photo:** Ton Koene (Mu). **Dorling Kindersley:** Andrew Beckett (or); Tracy Morgan (M). **Dreamstime.com:** Deaddogdodge (Mru); Luis Leamus (oM); Helen Panphilova / Gazprom (Mro); Konstantin Pukhov / Kostya6969 (Ml). **naturepl.com:** Eric Baccega (Mlu). **7 Alamy Stock Photo:** Keren Su / China Span (Ml); Ray Wilson (or); Roger Clark (Mu); H. Mark Weidman Photography (Mr); Zoonar / Dmytro Pylypenko (Mru). **Dorling Kindersley:** Ioksele (oM). **Dreamstime.com:** Jan Martin Will (oM/Pinguin). **naturepl.com:** Colin Monteath (Mu/Gras); Tui De Roy (Mlo). **Shutterstock.com:** David Osborn (Mlu); Tarpan (Mu/Robbe). **8-9 Dreamstime.com:** Hramovnick (o/ Eisstalaktiten); Prachenko Iryna (o); Christopher Wood (Mo); Robkna (Mu). **8 Dreamstime.com:** Steve Allen (Mr); Alexey Sedov (Mu); Rgbe (Ml); Luis Leamus (ol). **9 Dreamstime.com:** Deaddogdodge (Mo); Alexey Sedov (Mro); Fotokon (M); Photographerlondon (Mlu); Ndp (uM, Mru). **10 Dreamstime.com:** Scattoselvaggio (Mru). **Getty Images:** Moment / Javier Fernndez Snchez (Mlu). **11 Alamy Stock Photo:** blickwinkel / AGAMI / A. Ghignone (Mlu). **Getty Images:** DmitryND (Mru). **12** 123RF.com: Steve Byland / steve_byland (Mlo). **Alamy Stock Photo:** All Canada Photos / Ron Erwin (Mru). **Dreamstime.com:** Perchhead (Mro). **Getty Images / iStock:** E+ / Oleh_Slobodeniuk (Mlu). **13 Dreamstime.com:** Iakov Filimonov / Jackf (Mru). Getty Images: Steve Austin (Mlu). **14 Alamy Stock Photo:** imageBROKER / Michael Weberberger (Mlu/Wale). **Dorling Kindersley:** Andrew Beckett (or). **Dreamstime.com:** Iakov Filimonov / Jackf (Mu); Sergey Korotkov (Mlu). **naturepl.com:** Tui De Roy (Mo). **16-17 naturepl.com:** Norbert Wu. **16 naturepl.com:** Jordi Chias (Mro). **17 naturepl.com:** Norbert Wu (Mro). **18 Dreamstime.com:** Christopher Ewing (Mo). **19 Dreamstime.com:** Gail Johnson (ur); Wirestock (ul). **20-21 Alamy Stock Photo:** Ashley Cooper pics. **20 Alamy Stock Photo:** Ashley Cooper pics (ur). **24-25 Alamy Stock Photo:** robertharding / David Jenkins. **26 Alamy Stock Photo:** Arterra Picture Library / Arndt Sven-Erik (ur); Ken Archer / DanitaDelimont (Mlo); Tom Ingram (uM). **Dreamstime.com:** Agami Photo Agency (M/x4); Lee Amery (or); Andreanita (Mr, M); Akinshin (Mlu). **27 Alamy Stock Photo:** All Canada Photos / Benjamin Dy (Mr); blickwinkel / McPHOTO / TRU (Mlu); Arterra Picture Library / van der Meer Marica (Mru, ul); Arterra Picture Library / Arndt Sven-Erik (Mro, ur). **Dreamstime.com:** Erectus (Ml, Mro); Vladimir Melnikov (Mo); Koldunova (M); Lillian Tveit (Mu). **28 Dreamstime.com:** Jim Cumming (u); Mikelane45 (Mro); Marcin Wojciechowski (Ml). **Shutterstock.com:** Jukka Jantunen (M). **29 Dreamstime.com:** Per Bjorkdahl (Mo); Samsem67 (ol); Mikhail Blajenov (oM); Denis Pepin (ol); Sergey Uryadnikov / Surz01 (Mlo); Lanaufoto (M). **30 123RF.com:** Vasiliy Vishnevskiy / ornitolog82 (ol). **Dorling Kindersley:** Roger Tidman (Mr). **Dreamstime.com:** Agami Photo Agency (oM); Lee Amery (Ml); Wkruck (ol/Rotkehltaucher); Jeff Grabert (Mlo); Paul Reeves (Mo); Frank Fichtmueller (ul); Vladimir Melnik (uM); Dinozzaver (ur). Getty Images: Daniel Parent (tr). **30-31 Dreamstime.com:** Neil Burton (M). **31 Dorling Kindersley:** Chris Gomersall Photography (ul); Mike Lane (Mo); Windrush Photos (M). **Dreamstime.com:** Agami Photo Agency (ur); Razvan Zinica (ol); Brian Kushner / Bkushner (Mlo); Andreanita (Ml); Julian Popov (Mo/ Basstölpel); Henkbogaard (Mro); Smitty411 (Mu); Simonas Minkevilus (Mu/Sanderling); David Spates (Mru); Mogens Trolle (Mru/Eissturmvogel). **32 Dreamstime.com:** Planetfelicity (Mr, u). **33 Alamy Stock Photo:** Franco Banfi / Nature Picture Library (ul); SCOTLAND: The Big Picture / Nature Picture Library (Mr). **Getty Images:** Doug Allan (Mo); Kevin Schafer (Mro). **naturepl.com:** Chris Gomersall (Mru); Tony Wu (ol); Pal Hermansen (or). **34-35 Dreamstime.com:** Planetfelicity. **36 Alamy Stock Photo:** John Delapp / Alaska Stock / Design Pics Inc (ol); Louise Murray (M). **Dreamstime.com:** Bborriss (Mlo); Anna Markova (Mlu); Kateryna Mashkevych (Mlu); Vitaserendipity (ul); Digitalimagined (Mu); MikeModular (ur). **36-37 Alamy Stock Photo:** GenOne360 (M). **Dreamstime.com:** Tanchic (Mu). **37 Alamy Stock Photo:** blickwinkel / McPHOTO / BRS (Ml); GM Photo Images (Mo); Guy Edwardes / Nature Picture Library (Mr); Nature Picture Library (M). **Dreamstime.com:** Jay Beiler (ol); Tony Campbell (Mlo); Lars Ove Jonsson (or); Ordinka26 (Mo/ Gelber Sumpfsteinbrech); Tanchic (Mu); Olya Solodenko (ur). **38 123RF.com:** Charles Brutlag (Mlu). **Alamy Stock Photo:** Phil Savoie / Nature Picture Library (Mu). **naturepl.com:** Bryan and Cherry Alexander (Mr); Jenny E. Ross (Ml). **39 Alamy Stock Photo:** Daniel Heuclin / Nature Picture Library (M/Dasselfliege). **Dreamstime.com:** Risto Hunt (Mu); Orionmystery (M). **naturepl.com:** Nick Upton (Mru). **40 Alamy Stock Photo:** Cindy Hopkins (ur). **Dreamstime.com:** Alexander Khitrov. **42 Alamy Stock Photo:** Frans Lemmens (M). **Dreamstime.com:** Vladimir Konjushenko (ur). **42-43 Dreamstime.com:** Checco (Mu). **43 Dreamstime.com:** Hel080808 (ol). **44-45 Alamy Stock Photo:** Richard Ryland. **44 Dreamstime.com:** Ruslan Gilmanshin (Mru). **47 Alamy Stock Photo:** Historic Collection (uM); Tango Images (Mro). **48-49 Dreamstime.com:** Slew11. **50 Dorling Kindersley:** Alan Burger (M). **Dreamstime.com:** Agami Photo Agency (oM). **51 Alamy Stock Photo:** Helmut Corneli (Mlu). **Dreamstime.com:** Jonathan R. Green / Jonagreen (Mlo); Jan Martin Will (Mo). **52 Dreamstime.com:** Vladislav Jirousek (Mro). **53 Alamy Stock Photo:** Michael Nolan / robertharding (Mo/Seeleopard). **Dreamstime.com:** Vladislav Jirousek (Mo); Robertlasalle (Mro). **54-55 123RF.com:** Eugene Sergeev. **Dorling Kindersley:** Natural History Museum, London (M). **54 Alamy Stock** Photo: Fred Olivier / Nature Picture Library (Mru). **Dreamstime.com:** Allexxandar (M); Simone Gatterwe / Smgirly (ul); Sandra Nelson (Mlu). **55 Dreamstime.com:** Leonello Calvetti (Mro). **naturepl.com:** Jordi Chias (Mu); Doug Perrine (oM). **56 Alamy Stock Photo:** imageBROKER / Jurgen & Christine Sohns (Mlu). **Getty Images:** by wildestanimal (Mr); Peter Giovannini (Mlo). **naturepl.com:** Jordi Chias (Ml). **57 Alamy Stock Photo:** Alasdair Turner / Cavan Images (Mlo); Norbert Wu / Minden Pictures (Ml). **Dreamstime.com:** Staphy (Mo). naturepl.com: Jordi Chias (Mr). **58 Alamy Stock Photo:** Blue Planet Archive FBA (ul); Andreas Maecker (Mlo). **Dreamstime.com:** Simone Gatterwe / Smgirly (Mlo). naturepl.com: Richard Herrmann (ol). **58-59 Alamy Stock** Photo: George Karbus Photography / Cultura Creative RF (Mu). **59 Alamy Stock Photo:** Jurgen Freund / Nature Picture Library (or); Wildestanimal (Mr); Doc White / Nature Picture Library (ur). **Getty Images / iStock:** bbevren (ol). **60 Alamy Stock Photo:** Marie Read / Nature Picture Library (ol). **Dreamstime.com:** Hakoar (Mlo, M, ur, Mru); Pisotckii (ul). **61 Alamy Stock Photo:** Luis Quinta / Nature Picture Library (oM); Chris & Monique Fallows / Nature Picture Library (Mr); Markus Varesvuo / Nature Picture Library (Mru). Dreamstime.com: Agami Photo Agency (Mlu); Ondej Prosick (ol); Tarpan (Ml). **naturepl.com:** Claudio Contreras (Mu); Brent Stephenson (or). **62 Dreamstime.com:** Andybignellphoto (Mru, or); Gentoomultimedia (Ml). **63 Alamy Stock Photo:** Zoonar / Sergey Korotkov (Mlo). **Dreamstime.com:** Isselee (oM); Willtu (Mlu); Angela Perryman (Mr). **Getty Images:** Andrew Peacock (uM). **64 Getty Images:** Bettmann (Mlu). **65 Dreamstime.com:** Gentoomultimedia (Ml). **Getty Images:** Bettmann (or); Hulton-Deutsch Collection / Corbis (M). **67 Getty Images:** Andrew Peacock (Mru). **68-69 Dreamstime.com:** Polina Bublik. **70 Dreamstime.com:** Yan Keung Lee (o); Ondej Prosick (Mlu). **71 Dreamstime.com:** Silvae1 (ur); Tarpan (ul, gul, uM). **72 Dreamstime.com:** Airborne77 (Mr); Rawin Tanpin (ul); Lianna2013 (Ml); Tatiana Kuklina (or). **73 Dreamstime.com:** Cretolamna (Mlu). **74 naturepl.com:** Doug Perrine (or). **75 Getty Images:** SCIEPRO / Science Photo Library (ol)

Coverbilder: *Vorne:* **123RF.com:** Eric Isselee / Isselee Ml; **Dreamstime.com:** Luis Leamus ol, Sergey Uryadnikov / Surz01 Mro, Vladimir Seliverstov / Vladsilver Mru; *Hinten:* **123RF.com:** Eric Isselee / isselee Mr; **Dreamstime.com:** Luis Leamus tr, Sergey Uryadnikov / Surz01 Mlo, Vladimir Seliverstov / Vladsilver Mlu; *Rücken:* **Dreamstime.com:** Sergey Uryadnikov / Surz01 o.

DIE ILLUSTRATORIN

Claire McElfatrick ist eine freischaffende Künstlerin. Ihre wunderschönen handgezeichneten und collagierten Illustrationen sind inspiriert von ihrer Heimat im ländlichen England. McElfatrick hat auch alle weiteren Bücher dieser Reihe illustriert: *Die verborgene Welt der Ozeane, Die schillernde Welt der Vögel* und *Bäume*.

Andere Bücher über Tiere und die Natur:

Die schillernde Welt der Vögel
ISBN 978-3-8310-4644-7

Die verborgene Welt der Ozeane
ISBN 978-3-8310-4213-5

Bäume
ISBN 978-3-8310-3820-6

Tiere: 50 Geschichten von Mammut, Panda, Elefant und Co.
ISBN 978-3-8310-4681-2

DK

www.dk-verlag.de